COMECE AGORA!
BOSU® Balance Trainer

INSTITUTO PHORTE EDUCAÇÃO
PHORTE EDITORA

Diretor-Presidente
Fabio Mazzonetto

Diretora-Executiva
Vânia M.V. Mazzonetto

Editor-Executivo
Tulio Loyelo

Tradutora
Carla Klein

Revisor-Científico
Alexandre Evangelista

COMECE AGORA!
BOSU® Balance Trainer

Exercícios para Fortalecimento do Core e um Corpo Supertonificado

Jane Aronovitch
Miriane Taylor
Colleen Craig
Fotografias de Andy Mogg

Phorte editora

São Paulo, 2010

Get on it BOSU®! Balance Trainer: workouts for core strength and a super-toned body
Direitos autorais do Texto ©2008 Miriane Taylor e Jane Aronovitch. Design e conceito ©2008 Ulysses Press e seus licenciadores. Direitos autorais de Fotografias ©2008 Andy Mogg. Todos os direitos reservados.
Direitos para publicação em língua portuguesa adquiridos pela Phorte Editora, 2010

Rua Treze de Maio, 596
CEP: 01327-000
Bela Vista – São Paulo – SP
Tel/fax: (11) 3141-1033
Site: www.phorte.com.br
E-mail: phorte@phorte.com

Nenhuma parte deste livro pode ser reproduzida ou transmitida de qualquer forma ou por quaisquer meios eletrônico, mecânico, fotocopiado, gravado ou outro, sem autorização prévia por escrito da Phorte Editora Ltda.

CIP-BRASIL. CATALOGAÇÃO-NA-FONTE
SINDICATO NACIONAL DOS EDITORES DE LIVROS, RJ

A682c

Aronovitch, Jane
    Comece agora!: BOSU® balance trainer: exercícios para fortalecimento do core e um corpo supertonificado / Jane Aronovitch, Miriane Taylor, Colleen Craig; fotografias de Andy Mogg. - São Paulo: Phorte, 2010.
    160p.: il.

    Tradução de: Get on it!: BOSU® balance trainer
    Inclui bibliografia e índice
    ISBN 978-85-7655-285-7

    1. Exercício físico. I. Taylor, Miriane. II. Craig, Colleen. III. Título.

10-3072.   CDD: 613.71
                                CDU: 613.71

30.06.10   13.07.10   020117

Impresso no Brasil
Printed in Brazil

Este livro foi escrito e publicado estritamente para propósitos informacionais e não deve, de modo algum, ser utilizado como um substituto de consulta a profissionais da saúde. Você não deve considerar o material educacional aqui contido como prática de Medicina ou substituição de consultas com um médico ou outro praticante de Medicina. As autoras e a editora estão lhe fornecendo informações neste trabalho de modo que você tenha o conhecimento e possa escolher, por risco próprio, agir com esse conhecimento. As autoras e a editora pedem enfaticamente que todos os leitores estejam cientes de seu estado de saúde e que consultem profissionais especializados antes de iniciar qualquer programa de saúde.

Sumário

PARTE 1: COMEÇANDO — 11

Sobre o livro — 13

O *frisson* sobre BOSU — 15

Um ato de equilíbrio — 17

O core (centro) da questão — 19

Sobre o "U" — 22

Começando neutro — 24

Praticando BOSU com segurança — 26

PARTE 2: CONCEITOS BÁSICOS DO BOSU — 29

Começando — 31

Subindo no domo e descendo dele — 33
    Pisando para cima e para baixo (*stepping up and down*) — 33
    Elevação de joelho básica (*basic knee lift*) — 34

Construindo equilíbrio e estabilidade — 35
    Ficando em pé sobre o domo (*standing on the dome*) — 35
    Torção lateral (*side twist*) — 36

Ajoelhando no domo — 37
    Ajoelhando com postura ereta (*kneeling tall*) — 37
    Ajoelhando com quatro apoios (*kneeling on all fours*) — 38

Trabalhando abdominais, posteriores da coxa e glúteos — 39
    Inclinação pélvica (*pelvic tilt*) — 39
    Rolamento de quadril em ponte (*hip roll in bridge*) — 40

Trabalhando costas e pernas — 41
    Extensão de uma perna (*single-leg extension*) — 41
    Extensão de costas simples (*simple back extension*) — 42

Trabalhando com agachamentos e avanços	43
Agachando no domo (*squating on the dome*)	43
Pisada lateral para avanço lateral (*side tap to lunge*)	44
Saindo da superfície do domo	45
Pisando sobre o domo (*stepping on the top of the dome*)	45
Salto para a frente com um pé (*single-foot foward jump*)	46
Salto lateral com um pé (*single-foot sideways jump*)	47

PARTE 3: OS EXERCÍCIOS — **49**

Sobre os exercícios	51
Cardio e saltos	52
Joelho power (*power knee*)	53
Repetição de joelho três vezes (*three knee repeater*)	54
L-Step/ Leg-curl combo	56
Chute para a frente (*front leg kick*)	58
Chute lateral (*side leg kick*)	59
Joelho no peito (*knee to chest*)	60
Salto com dois pés (*two-foot jump*)	61
Saltos com virada (*turning jumps*)	62
Saltos com troca *cross-country* (*cross-country switch jumps*)	63
Saltos Mogul (*mogul jumps*)	64
Salto recolhido (*tuck jump*)	65
Agachamentos e avanços	67
Combo de agachamento e elevação para o teto (*squat and over-the- top combo*)	67
Combo de agachamento e rotação (*squat and twist combo*)	69
Combo de agachamento lateral (*side-squat combo*)	71
Combo de agachamento e elevação da perna (*squat and leg-lift combo*)	72
Combo de agachamento e salto (*squat and jump combo*)	73
Combo de agachamento *kick boxing* (*kick boxing squat combo*)	74
Retrocesso (*backward lunge*)	75
Avanço lateral (*side lunge*)	76

Avanço para a frente (*forward lunge*)	77
Avanço para a frente e retrocesso (*lunge forward and back*)	78
Abdominais e core	79
Abdominal (*ab curl*)	80
Troca de pernas (*leg exchange*)	81
Cruzado (*criss-cross*)	82
Combo de abdominal e extensão de perna (*curl and leg-extension combo*)	83
Sentado em V (*V-sit series*)	84
Rotação com perna flexionada (*bent-leg rotation*)	85
Troca de pernas – sentado (*seated leg exchange*)	86
Alongamento duplo de pernas (*double-leg stretch*)	87
Inclinação em decúbito dorsal (*supine lean*)	88
Extensão em decúbito dorsal (*supine extension*)	89
Pico em V invertido (*pike up*)	90
Exercícios para as costas e em ponte	91
Nadando (*swimming*)	92
Equilíbrio do avião (*airplane balance*)	93
Extensão da coluna com torção (*spinal extension with twist*)	94
Mergulho do cisne (*swan dive*)	95
Empurrar pernas (*leg push*)	96
Rolamento do quadril em ponte com plataforma (*platform hip roll from bridge*)	97
Equilíbrio com uma só perna em ponte (*one-legged balance in bridge*)	98
Abdominal em ponte com apoio nos ombros (*ab curl in shoulder bridge*)	99
Exercícios em prancha, flexão e lateral	100
Prancha no domo (*dome plank*)	101
Prancha na plataforma (*platform plank*)	102
Avanço a partir da postura prancha (*lunge from plank*)	103
Flexão no domo (*dome push-up*)	104
Flexão na plataforma (*platform push-up*)	105
Equilíbrio lateral (side balance)	106
Abdominal lateral (*side curl*)	107

Elevação lateral de perna (*lateral leg lift*)	108
Elevação lateral (*side lift*)	109
Exercícios de joelhos e de equilíbrio	110
Elevação de joelho (*knee lift*)	111
Abdominal – ajoelhado (*kneeling crunch*)	112
Tracking drill de joelhos (*kneeling tracking drill*)	113
Extensão de braço e perna – ajoelhado (*kneeling with leg and arm extension*)	114
Equilíbrio em uma só perna (*single-leg balance*)	115
Círculos com o quadril (*hip circles*)	116
Torção da coluna – sentado (*seated spinal twist*)	117
Rolamento para baixo (*roll down*)	118
Exercícios com pesos	119
Elevação de braço (*arm curl*)	120
Agachamento *golf swing* (*golf swing squat*)	121
Tríceps *press* – ajoelhado (*kneeling triceps press*)	122
Elevação de alavanca curta – ajoelhado (*kneeling short-lever fly*)	123
Remada com um braço ajoelhado (*kneeling one-arm row*)	124
Elevação de braço lateral – ajoelhado (*kneeling lateral arm raise*)	125
Elevação em ponte (*fly in bridge*)	126
Tríceps *press* em ponte (*close-grip triceps press in bridge*)	127
Passada de bola de peso (*weighted ball pass*)	128
Figura oito em pé (*standing figure eight*)	129
Figura oito sentado em V (*V-sit figure eight*)	130
Alongamentos	131
Alongamento do flexor do quadril (*hip flexor stretch*)	132
Alongamento de posteriores da coxa e panturrilha (*hamstring and calf stretch*)	133
Alongamento do tríceps (*triceps stretch*)	134
Relaxamento das costas (*back release*)	135
Alongamento das costas: posição da criança (*back stretch: child's pose*)	136
Extensão das costas (*back extension*)	137
Alongamento lateral (*side stretch*)	138

PARTE 4: AS SÉRIES DE EXERCÍCIOS   **139**

Preparado para a sequência	141
Sequência do core	141
Sequência da parte inferior do corpo	143
Sequência do tronco	144
Exercício completo 1	145
Exercício completo 2	148

Referências	153
Índice	155
Sobre os autores	157
Sobre o fotógrafo	157

Parte I

Começando

SOBRE O LIVRO

Bem-vindo a *Comece agora! BOSU – balance trainer: exercícios para fortalecimento do core e um corpo supertonificado*. Com todo o *frisson* sobre treinamento do core e mais e mais academias estocando BOSUs, decidimos que era hora de escrever um livro sobre o BOSU e como utilizá-lo para desenvolver um core forte e ter um corpo tonificado.

Comece agora! BOSU – balance trainer é, em primeiro lugar, um livro sobre "como fazer" para qualquer pessoa que queira trabalhar com um BOSU, mesmo se você tiver pouca ou nenhuma experiência ou for um entusiasta experiente que deseja aumentar suas habilidades[1].

O foco principal do livro são exercícios, mas, primeiro, introduzimos o BOSU e discutimos como ele ajuda a desenvolver força, equilíbrio e estabilidade do core – todos os ingredientes de um corpo apto e supertonificado. Também falamos sobre os músculos do core: quais são, onde estão localizados e o que fazem.

A Parte 2 do livro apresenta os básicos BOSU. Ela oferece uma série de exercícios de aquecimento e explica como ficar em pé e se mover sobre o domo. Os exemplos, nesta seção, formam a base para os exercícios que aparecem na Parte 3.

A Parte 3 é dedicada a exercícios de vários tipos. Por simplificação, nós os agrupamos por tipo – agachamentos e avanços, exercícios para as costas e assim por diante. Por favor, note que as categorias não são absolutas. Por exemplo, você pode encontrar um exercício na seção de joelhos que trabalha abdominais muito intensamente. Isso decorre do fato de que, ao contrário de alguns programas de exercício, a maioria dos exercícios com BOSU trabalha mais que um grupo muscular por vez. Em outras palavras, os exercícios estão agrupados mais por questões de organização que por outro motivo.

Cada categoria de exercício inicia com uma breve introdução e uma lista de diretrizes gerais chamadas de Dicas Úteis. Dentro de uma categoria, cada

---

[1] Independentemente de seu nível de experiência com o BOSU, nós supomos que os leitores têm um nível básico de aptidão física e habilidade, bem como a capacidade de julgar o quanto podem avançar e quando parar.

exercício mostra uma posição inicial e dá instruções passo a passo para cada movimento. Também incorporamos muitas fotos ilustrativas de cada passo. Após cada exercício, há uma lista de dicas relevantes, ideias para ter em mente ou dicas para ajudar na execução. Também incluímos algumas variações básicas, se você quiser simplificar um determinado movimento, bem como variações de Desafio e Superdesafio, se você procura intensificar um pouco mais.

A Parte 4 contém uma série de conjuntos de exercícios sugeridos. Alguns focam grupos musculares específicos, enquanto outros são exercícios completos com um aquecimento, série completa de exercícios e alongamentos no final. Você pode utilizar esses exercícios exclusivamente, avançar no livro em sequência ou escolher os movimentos que lhe interessam particularmente. De qualquer modo, esperamos que você goste do livro e desenvolva a mesma paixão pelo BOSU que nós temos!

O *FRISSON* SOBRE BOSU

Abreviação para o termo em inglês *both sides utilized* (ambos os lados utilizados), o *BOSU balance trainer*® foi inventado pelo californiano David Weck em 1999 e lançado em 2000. Desde então, ele se tornou um dos aparelhos de *fitness* mais populares da indústria.

O BOSU tem aproximadamente 64 cm de diâmetro e parece uma grande bola de exercício cortada ao meio. Um lado tem formato de domo; o outro é plano. O lado do domo é inflável e deve ser preenchido com ar, utilizando uma bomba até estar razoavelmente firme e com cerca de 20 a 25 cm de altura.

Pela sua inteligente construção, o BOSU tem duas superfícies instáveis que transformam até os movimentos mais simples num exercício divertido e desafiador. Exercitar-se numa superfície instável testa seu equilíbrio e faz você utilizar e fortalecer músculos do core e estabilizadores profundos – que os programas convencionais de exercício frequentemente deixam de lado.

Apropriado para todas as idades e níveis de aptidão física, o BOSU pode ser usado em casa, em aulas particulares ou em academias. Treinadores, atletas, dançarinos e amantes de *fitness* em geral utilizam o BOSU para desenvolver força e agilidade, tonificar e definir a musculatura, melhorar o condicionamento aeróbio, queimar gorduras e melhorar a postura e o alinhamento.

Está procurando aquela aparência esbelta e longilínea? O BOSU pode ajudá-lo a diminuir a cintura. Você também pode usar o BOSU para combinar exercícios aeróbios e cardiovasculares com treino de força, desafios de equilíbrio e flexibilidade – todos os componentes de um regime de exercícios bem-equilibrado.

Fazendo as conexões certas

A maioria dos treinadores e praticantes de esportes concorda que um programa bem-sucedido de fortalecimento do core foca grupos musculares de maneira coordenada. Algumas pessoas se referem a essa abordagem como treinamento funcional ou de integração – trei-

BOSU Balance trainer

nar o corpo todo com base na ideia de que é dessa forma que nos movimentamos em nossas atividades diárias.

Em seu livro, *The Athlete's Ball* (*A bola do atleta*), Rick Jemmett afirma:

"Exercícios de treinamento de integração exigem que as articulações da coluna mais a variadas combinações das articulações dos tornozelos, joelhos, quadris, ombros, cotovelos e punhos e todos os músculos que funcionam nessas articulações, trabalhem juntos para realizar um dado exercício".

Jemmett, um fisioterapeuta especializado em dores da região lombar, utiliza o BOSU e a bola de estabilidade para treinar atletas, bem como ajudar pessoas com lesões. Ele explica que exercícios de treinamento de integração "requerem que sustentemos nosso peso corporal, estabilizemos nosso core, trabalhemos nossos braços ou pernas e, em alguns exercícios, levantemos pesos pesados, tudo ao mesmo tempo" (Jemmett, 2004, p. 7).

Mesmo algo simples como ficar em pé sobre o BOSU é um exemplo de trabalhar o corpo de maneira integrada. Assim que pisa no domo, você sente todos os músculos de seu corpo ganharem vida. Essa sensação é ainda mais forte quando você começa a se movimentar e a mudar posições. Por exemplo, quando levantamos uma perna ou um braço, nosso peso muda e nosso corpo precisa se ajustar rapidamente a essa mudança. Quando expandimos nosso repertório, movendo as partes superior e inferior do tronco ou para trabalhar um lado do corpo e depois o outro, precisamos da participação simultânea do corpo inteiro e de um controle motor rápido e flexível. Esses são todos exemplos de treinamento de integração.

Embora Jemmett tenha afirmado o seguinte com referência a uma bola de estabilidade, isso também vale para o BOSU. Ele "fornece uma superfície de suporte instável que estimula os mecanismos estabilizadores do corpo. Isso permite que você treine a função dos músculos e não apenas a força" (Jemmett, 2004, p. 7).

Parece claro, então, que por sua própria natureza, o BOSU destina-se a ajudar pessoas a fortalecerem seu core e a se exercitarem de maneira integrada. Isto é, na verdade, o poder e a beleza do BOSU e, por associação, são os exercícios que aparecem neste livro. Esperamos que você os aprecie e tenha o mesmo prazer e a mesma satisfação com os exercícios do BOSU que nós temos.

Um ato de equilíbrio

O que é equilíbrio e por que é tão importante? No contexto do movimento, quando falamos sobre equilíbrio, normalmente o significado é manter certa postura corporal por um período de tempo. Parece simples, certo? Mas o equilíbrio é, na realidade, um processo muito complicado. Há muita coisa acontecendo no corpo quando tentamos nos equilibrar.

A ideia básica é: o cérebro usa *feedback* de uma série de sistemas sensoriais presentes em nossos corpos – nossos olhos, nossas orelhas, nossos ouvidos, nossa pele, nossos músculos e mais – para nos ajudar a saber onde estamos espacialmente. Então, o cérebro processa e utiliza aquela informação para transmitir sinais de volta para nossos músculos, de modo que possamos reagir de acordo.

Em geral, quanto mais praticamos o equilíbrio, melhores nos tornamos. Em outras palavras, nós podemos nos treinar para ter mais equilíbrio.

Melhorar nosso equilíbrio é desejável, porque ele é uma parte de todo movimento. Mesmo o ato de caminhar – essencialmente, transferir o peso de um pé para o outro – envolve um momento de equilíbrio entre um e outro. Assim, o aprimoramento do equilíbrio melhora a *performance* de qualquer movimento – em programas de exercício, esportes ou atividades gerais da vida diária.

É aí que entra o BOSU. Ele foca – e treina – os músculos que você precisa para equilibrar e estabilizar seu corpo, quase sem você ter de pensar nisso. Treinar com o BOSU não só ajuda você a melhorar seu equilíbrio, mas também auxilia a desenvolver mais controle e executar todos os seus movimentos com mais graça e agilidade.

Trabalhando sobre uma superfície instável

Conforme explicitado, nossos corpos têm um mecanismo interno para detectar onde estamos no espaço. Tudo depende da capacidade do cérebro de verificar onde cada parte do nosso corpo está em relação a cada outra parte e fazer os ajustes neuromusculares apropriados para que possamos nos mover ou nos equilibrar eficazmente.

Quando fica em pé sobre uma superfície plana, como o chão firme, você manda *feedback*

Equilíbrio é mágica!

a partir desse chão, por meio dos pés, em uma "cadeia cinética", até chegar ao seu cérebro. No entanto, quando fica em pé sobre uma superfície arredondada, como o topo do BOSU, você manda uma mensagem muito diferente, com muito mais informações, provavelmente novas, para seu cérebro processar.

Por essa razão, quando você sobe pela primeira vez num BOSU, pode achar que está se movendo muito. Cada movimento – e cada desequilíbrio – manda um sinal para seu cérebro sobre como sua base de suporte e seu centro de gravidade se alteraram. Isso obriga o corpo a fazer ajustes constantes para manter o equilíbrio em cada movimento.

Com tantas informações novas e diferentes para o cérebro processar, ou talvez também porque os músculos dos quais você precisa ter uma resposta adequada ainda não estejam suficientemente treinados, você pode se desequilibrar um bocado enquanto seu corpo tenta "entender" onde você está, especialmente no início da prática com o BOSU.

Fique tranquilo! Esse desequilíbrio inicial é normal – e pode até ajudá-lo a aprender algo sobre seu corpo. Quando você se desequilibrar, tente perceber o que está acontecendo no seu corpo. Onde os ajustes estão sendo feitos: nos seus pés, nos seus joelhos, nos seus quadris? Existe algum tipo de padrão, como colocar mais peso em um pé que no outro, ou uma tendência a mover-se mais para um lado do domo? Se você perceber um padrão, existe algo que possa fazer para sair dele? Em outras palavras, existe algo que você possa fazer conscientemente para ajudar seu corpo a aprender como se equilibrar melhor? Tente evitar olhar para baixo. Olhar para a frente ajuda seus olhos e seu corpo a se estabilizarem.

Se você perceber um padrão ou não, quanto mais você praticar, menos vai se desequilibrar, porque o seu corpo se aprimora na realização dos ajustes neuromusculares apropriados. Com o tempo, você ficará mais forte, mais seguro e será capaz de ficar em pé e mover-se sobre o BOSU com maior confiança e estabilidade.

O CORE (CENTRO) DA QUESTÃO

Hoje em dia, parece que todo mundo está falando sobre força e estabilidade do core. Muitas pessoas acreditam que core é sinônimo de abdominais. Nada disso! Os abdominais são apenas uma parte do core. O core completo se estende da parte superior do tronco e do pescoço até os joelhos e serve de ligação entre as partes superior e inferior do corpo.

De acordo com o *website* da *Mayo Clinic* (Clínica Mayo), existem 29 músculos do core no tronco e na pelve. Na prática, a maioria dos treinadores e praticantes de esportes foca uma subseção desse grupo de músculos e inclui os seguintes como parte do core:

- abdominais profundos (transverso do abdômen, oblíquos internos e externos) e assoalho pélvico;
- glúteos e posteriores da coxa;
- músculos das costas (músculos multifídeos, quadrado lombar, serrátil anterior, latíssimo do dorso, eretores da coluna).

Stuart McGill, ph.D., um especialista canadense em problemas da região lombar, concorda. Ele sugere que muitos músculos do tronco, abdominais e das costas contribuem para a estabilização. Às vezes, colocamos muita ênfase em um músculo, pensando que é mais importante que os outros. McGill acredita que muitos músculos trabalham em conjunto para desenvolver costas fortes e fortalecer o core.

Quando nos exercitamos no BOSU, treinamos dois tipos de músculos: mobilizadores e estabilizadores. Os músculos mobilizadores são geralmente maiores e mais superficiais. Destinam-se a movimentos curtos e poderosos. Nossos glúteos são um bom exemplo. Os estabilizadores, também conhecidos como músculos do core, fornecem apoio durante o movimento e são tipicamente mais profundos e menores. Exemplos incluem os músculos abdominais profundos, bem como os pequenos músculos ao redor das escápulas, que ajudam a posicionar o braço corretamente no seu encaixe.

Em razão de o BOSU requerer muito equilíbrio, estamos particularmente interessados em nossos músculos do core.

Músculos abdominais

Existem quatro músculos abdominais ("abs"): o transverso do abdômen, os oblíquos internos e externos e o reto abdominal.

O transverso do abdômen é o mais profundo e um dos músculos mais importantes do core. Como o nome indica, ele fica ao redor do corpo; suas fibras se localizam horizontalmente em volta da cintura. Junto com os músculos multifídeos, ele auxilia a estabilizar a parte inferior da coluna, estreitando a parede abdominal quando é contraído.

Os oblíquos internos e externos têm um papel significativo na estabilização dos quadris e da região dorsal e também na conexão da parte superior com a parte inferior do corpo. Eles também são responsáveis pela flexão lateral e pela rotação da coluna.

O reto abdominal é o mais superficial dos músculos abdominais. Ele vai para cima a partir do osso púbico até o esterno e nos ajuda a flexionar para a frente.

Músculos do assoalho pélvico

Também conhecidos como músculos Kegel, o assoalho pélvico é outro músculo do core importante tanto para homens quanto para mulheres.

Passando de frente para trás na base da pelve, ele parece uma atadura e age como tal, segurando nossos órgãos internos inferiores. Os músculos do assoalho pélvico estão conectados aos abdominais profundos pelo sistema nervoso.

Encontrar os músculos do assoalho pélvico pode ser ardiloso. Algumas pessoas consideram útil imaginar que estão com a bexiga bem cheia e tentando interromper o fluxo urinário à procura de um banheiro. A ideia é sentir os músculos do assoalho pélvico se contraindo suavemente enquanto o fundo da pelve vai para cima. Ao apertar ou puxar para cima o assoalho pélvico, você também se conecta aos abdominais mais profundos e, indiretamente, a alguns músculos do core nas suas costas, ajudando-o ficar estabilizado e conectado.

Músculos profundos das costas

Os músculos profundos das costas são principalmente o eretor, os músculos multifídeos e o quadrado lombar (QL). Os dois últimos são estabilizadores imprescindíveis das costas.

Os músculos multifídeos são alguns dos extensores das costas mais profundos. Consistem em pequenos feixes que passam de uma vértebra para outra e demonstraram ativar os músculos abdominais profundos. Em conjunto, eles ajudam a estabilizar a coluna.

O quadrado lombar corre verticalmente e conecta a parte inferior das costas com as costelas e a pelve. Portanto, ele tem um papel na conexão e na estabilização das partes superior e inferior do corpo enquanto nos movemos. Esse músculo também nos auxilia a flexionar lateralmente.

Músculos das costas e glúteos

Nosso músculo trapézio começa no pescoço e se estende até o meio de nossas costas em ambos os lados. Nós os utilizamos principalmente para movimentar os ombros. Os latíssimos do dorso são músculos amplos e grandes que se estendem desde a parte inferior e média das costas em cada lado, envolvem o tronco e se inserem nos braços. Esses músculos têm um papel na estabilização de nossos ombros e em alguns movimentos dos braços.

Tomados em conjunto, nossos glúteos nos ajudam a nos movimentar, mas também estabilizam a pelve quando caminhamos ou movemos as pernas. Existem três músculos glúteos: glúteo máximo, o maior "movimentador principal" do corpo; glúteo médio, um músculo menor, mas um estabilizador muito significativo; e o glúteo mínimo. O glúteo máximo é um dos músculos mais fortes do corpo. É um grande extensor do quadril e também ajuda na rotação externa. Embora menor, o glúteo médio tem um grande papel na sustentação dos quadris quando ficamos em pé e nos movimentamos e está frequentemente associado com problemas posturais. O glúteo mínimo ajuda na flexão, na elevação e na rotação do fêmur no encaixe do quadril.

Sobre o "U"

Para ajudar as pessoas a visualizarem os músculos no core, alguns especialistas da indústria do *fitness* falam sobre o efeito *serape* (em referência ao xale mexicano), que consiste nos romboides, no serrátil anterior e nos oblíquos internos e externos. A ideia é que esses músculos trabalhem juntos como conectores e estabilizadores.

O efeito *serape* também explica a conexão cruzada entre lados opostos do corpo e como, por exemplo, focar na conexão entre nosso ombro e nosso quadril ou joelho oposto nos ajuda a ter equilíbrio quando levantamos uma perna, damos um passo ou jogamos os braços à frente subindo no BOSU com um pé.

Praticantes de Pilates têm maneiras similares de caracterizar os músculos do core. Alguns falam sobre usar a *powerhouse* ("casa de força") – a área entre a base das costelas e a pelve, a região lombar e os glúteos. O próprio Joseph Pilates referiu-se a essa área como uma "cinta de força" e acreditava que iniciar o movimento a partir do core ajudava uma pessoa a mover-se com segurança e eficácia. Outros usam a imagem de um espartilho (uma faixa de músculos circundando o tronco e se estendendo da parte inferior da região dorsal até um pouco abaixo das nádegas).

Carolyn Richardson e seus associados, autoridades australianas em estabilização da coluna, descrevem os músculos do core como um cilindro tridimensional (a partir do assoalho pélvico, embaixo, até o diafragma, no topo; e do transverso do abdômen, na frente e dos lados, até os músculos multifídeos, nas costas). Quando contraídos, esses músculos transformam o abdômen e a coluna num cilindro rígido.

Outra analogia foca no "U", um sorriso imaginário de quadril a quadril, formado no abdômen usando os músculos Kegel ou do assoalho pélvico junto com o tansverso e os oblíquos. Usando essa abordagem, os praticantes puxam para cima seu assoalho pélvico e para dentro a parte inferior da barriga entre o osso púbico e o umbigo (algumas vezes chamada de puxar para cima os músculos zíper). O objetivo é sentir os músculos do assoalho pélvico se apertarem suavemente enquanto a base da pelve vai para cima, o que ajuda a erguer os órgãos internos e fazer trabalhar o transverso. Ao

mesmo tempo, dirigir o gradil costal em direção aos quadris (pense nas "covinhas" do sorriso) ativa os oblíquos internos que os estabilizam.

Essas abordagens têm algo em comum. Todas elas visam a encontrar e fortalecer os músculos que protegem e envolvem a coluna, o tronco e a pelve, de modo que tenhamos uma base sólida a partir da qual possamos nos mover com força e facilidade. A principal mensagem é que a força e estabilidade do core são essenciais para um movimento bem-sucedido. Chegar lá é que é importante. A dica ou imagem utilizada para chegar lá é secundária.

Fique firme (*brace yourself*)

Quando falamos sobre os músculos do core que contraem e estabilizam a coluna, isso soa como se eles funcionassem sozinhos. No entanto, sua *performance* não é inteiramente automática – pelo menos, não inicialmente.

Finalmente, o objetivo é fazer nossos músculos do core responderem sem acioná-los conscientemente. Mas, no início, e por algum tempo, devemos recrutar esses músculos para estabilizar nossas colunas e ajudar a nos movimentarmos com segurança e eficácia.

Em outras palavras, precisamos aprender a "ficar firmes, compactos" ou ativar nossos músculos do core antes de fazer certos movimentos. Stuart McGill descreve o ato de ficar firme como "enrijecer a parede abdominal". Num artigo de fevereiro de 2007, no *The New York Times*, ele enfatizou que "não é puxar a barriga para dentro nem é empurrar a barriga para fora". Ao contrário, ele aconselha, "finja que vai tomar uma pancada na barriga". Apesar de essa ação de ficar firme não ser idêntica aos métodos descritos, os mesmos músculos são envolvidos e o resultado é similar – movimentar-se a partir de um local de força e estabilidade.

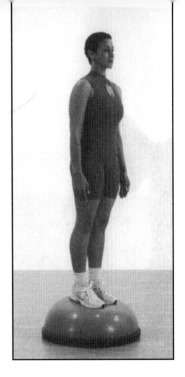

Começando neutro

O movimento bem-sucedido depende de um bom alinhamento, e a base de um bom alinhamento é uma coluna neutra. Uma coluna neutra é aquela em que as curvas naturais estão presentes. Quando vista de lado, a coluna neutra apresenta tipicamente quatro curvas:

- uma leve curva para dentro, no pescoço (região cervical);
- uma curva para fora, na parte superior das costelas (região torácica);
- uma curva mais pronunciada para dentro, na parte inferior das costas (região lombar);
- uma pequena curva para fora, na base da coluna.

Essas curvas são desejáveis, porque protegem a coluna e minimizam a quantidade de estresse sobre ela e os tecidos circundantes, por absorverem o choque quando nos movimentamos. Colocado de outra forma, "o alinhamento neutro permite que articulações e músculos trabalhem da sua melhor forma com o menor risco de lesão" (Elphinston e Pook, 1999, p. 16).

Encontrando a posição neutra

Para encontrar a posição "neutra" do corpo, fique em pé, flexionando levemente os quadris e os joelhos. Com os ossos dos quadris apontados para a frente como os faróis de um carro, incline lentamente sua pelve para a frente de modo que sua região lombar fique arredondada, numa leve flexão. Incline sua pelve para trás de modo que a sua região lombar forme um leve arco. O ponto entre a dobra e o arco é a posição neutra de seu corpo.

Você também pode encontrar a posição neutra deitando-se de costas com os joelhos flexionados e os pés planos sobre o chão. Deve haver dois pontos onde sua coluna não toque o chão: embaixo do pescoço e embaixo da região lombar. Nesse ponto, sua coluna está numa posição neutra.

Isso é tudo?

Encontrar a posição neutra de sua coluna não é o fim da história. Mesmo com todas

Coluna neutra.

as curvas intactas, sua coluna não fica parada ali sozinha. Os longos músculos superficiais do tronco, junto com os menores e mais profundos músculos do abdômen e das costas, que atuam para sustentar e estabilizar os ossos individuais da coluna, mantêm a coluna no lugar.

Muitas pessoas comparam a coluna a um mastro multissegmentado, com os grandes músculos superficiais das costas atuando como os cabos que equilibram o mastro e os músculos menores e mais profundos atuando como as ligações que mantêm cada segmento do mastro unido e ereto. Em termos corporais, os músculos maiores e superficiais estão envolvidos com movimentos grandes, dinâmicos, como arquear ou flexionar o tronco; os músculos menores e mais profundos do abdômen e das costas ajudam a estabilizar a coluna e a manter o corpo ereto. Se os músculos profundos forem fracos e não trabalharem eficazmente, as costas poderão se tornar instáveis e outros músculos poderão ter de compensar isso.

O ponto é que o alinhamento correto – não apenas na coluna, mas no corpo todo – disponibiliza os músculos corretos e lhes dá a oportunidade de trabalhar apropriadamente. Além disso, encontrar a posição neutra da coluna é apenas uma parte de toda uma história de alinhamento. Pense numa linha de prumo indo do topo de sua cabeça, através de seu corpo, até seus pés. Sua cintura escapular está ampla, seus ombros e seu peito, abertos, seus braços caem natural e confortavelmente aos lados do corpo. Sua coluna está neutra. Seus pés estão na distância dos quadris (logo abaixo dos ossos dos quadris), seus pés estão paralelos. Você está relaxado, em pé. Não há estresse em nenhuma parte de seu corpo.

Isso é o que significa um corpo com alinhamento ótimo. A meta é manter esse estado livre de estresse quando você se exercitar. Isso não significa que você não estará trabalhando músculos e exercitando seu corpo. Mas você o estará fazendo sem adicionar estresse causado pelo posicionamento incorreto ou pelo uso excessivo de músculos errados.

Praticando BOSU com segurança

Um dos aspectos interessantes do BOSU é que é muito simples subir nele e descer dele. Então, se você perder o equilíbrio em qualquer momento, simplesmente pise fora do BOSU e recomece quando estiver pronto. Como acontece com qualquer equipamento de ginástica, é bom ser cauteloso. As seguintes dicas o ajudarão a ter uma experiência mais segura e recompensadora com o BOSU.

Infle seu BOSU corretamente. Siga as instruções que vieram com seu equipamento.

Coloque seu BOSU numa superfície plana, como um piso de madeira ou um carpete. Considere o uso de um colchonete para exercícios em que joelhos ou outras partes do corpo tocarem o chão. Um colchonete também evita que o BOSU escorregue. Certifique-se de ter bastante espaço à sua volta.

Use calçados apropriados quando trabalhar com o BOSU. Tênis protegem seus pés e dão suporte, particularmente quando você sobe no domo e desce dele. Um bom calçado atlético como um *cross-trainer* é recomendado. Não use calçados de rua, pois eles podem transferir sujeira à superfície do domo e, possivelmente, danificá-lo.

Nota: Algumas pessoas preferem ficar descalças para movimentos que não requerem subir no domo e descer dele. Trabalhar com os pés descalços pode ser desafiador e fortalecedor, particularmente para seus tornozelos e os arcos dos seus pés. No entanto, você nunca deve se exercitar de meias, pois poderia escorregar e se machucar.

Use uma toalha para secar o domo conforme a necessidade, para evitar escorregões e quedas.

Mantenha uma série de pesos de mão por perto. Apesar de poder fazer todos os exercícios sem pesos, adicionar resistência não apenas fortalece os músculos escolhidos, mas também desafia seu equilíbrio e a estabilidade do core.

Use apoios. Se você se sentir instável a qualquer momento, use uma barra, cabo de vassoura ou a parede como apoio adicional.

Trabalhe no seu próprio ritmo e nível. Saiba seus limites e mantenha o exercício seguro.

Lembre-se de que você pode sair do domo em qualquer momento que se sentir instável ou inseguro e recomeçar quando recuperar seu equilíbrio.

Tenha uma meta de duas a três sessões de exercício por semana de pelo menos vinte a trinta minutos cada.

Outras dicas de segurança

- Verifique com seu profissional de Educação Física ou médico, antes de iniciar, se os exercícios são apropriados para você. Se estiver em dúvida sobre um exercício específico, evite-o até ter ajuda profissional.
- Ficar em pé sobre o lado plataforma do BOSU não é recomendado. No entanto, você pode utilizar o lado plano para flexões, exercícios em ponte e outros movimentos.
- Nunca se exercite com o estômago cheio.
- Leia atentamente todas as instruções dos exercícios antes de começar e preste atenção a quaisquer dicas ou modificações.

NÃO PRENDA A RESPIRAÇÃO

Respirar. Isso acontece naturalmente, certo? Sim, pelo menos em certa medida. Mas isso pode ser muito mais.

Você pode se surpreender ao descobrir que muitas pessoas prendem a respiração, ou, no máximo, respiram superficialmente quando se exercitam. Frequentemente, estamos tão preocupados que esquecemos completamente a respiração.

Sem respirar, nossos músculos e órgãos morreriam de fome. A respiração bombeia oxigênio – e todos os tipos de nutrientes e energia – pelo nosso organismo. Quanto mais profundamente respiramos, mais nutrimos nosso interior.

Moral da história? Exercite sua respiração como você exercita seu corpo. Inspire profundamente pelo nariz, para se preparar para cada exercício, e expire profundamente pela boca. Além de livrar seu corpo de lixo indesejável, expirar – especialmente expirar fazendo som e com certa força pela boca – ajuda a ativar o core e os abdominais em particular.

As pessoas frequentemente têm vergonha de fazer barulho ao respirar. Ao contrário, pense nos benefícios de conectar sua respiração ao exercício. Respire com intenção. Isso foca seu esforço física e mentalmente.

Respire vida nos seus exercícios com BOSU! Desfrute todos os benefícios que isso traz.

Parte 2

Conceitos básicos do BOSU

Começando

Para dar início à nossa jornada com o BOSU, começamos com alguns movimentos mais simples, incluindo ficar em pé e equilibrar-se sobre o domo. Os exercícios visam àqueles que nunca usaram um BOSU, mas também são um ótimo aquecimento e lembrete para entusiastas experientes. Esta seção do livro contém um repertório básico que forma a base para as seleções que aparecem posteriormente.

Um dos primeiros desafios no BOSU tem a ver com a colocação dos pés. Estamos acostumados a ficar em pé numa superfície plana. Assim, quando pisamos pela primeira vez num BOSU, nossos pés tendem a tomar a forma arredondada do domo, o que significa que não estão nivelados. Se nossos pés não estão nivelados, nossos músculos não estão apropriadamente alinhados. Isso dificulta o equilíbrio. Sem equilíbrio, é difícil ficar em pé ou movimentar-se numa base estável.

Por essa razão, exercitar-se sobre um BOSU significa ensinar – ou lembrar – nossos corpos sobre equilíbrio e estabilidade sobre a superfície instável do domo. Durante os exercícios, portanto, lutamos para nivelar os pés, ter bom alinhamento e uma colocação correta de modo que estejamos na melhor posição para desenvolver e treinar nossos músculos.

Com isso em mente, e antes de continuarmos, aqui estão algumas diretrizes gerais para se exercitar com um BOSU:

- Coloque seus pés aproximadamente na distância dos quadris, um de cada lado do centro do BOSU.
- Flexione ligeiramente os joelhos e aponte os dedos dos pés para a frente.
- Fique em pé, com a coluna neutra e olhe para a frente (olhar para baixo pode tirar seu equilíbrio). Imagine uma linha de prumo começando de sua cabeça e terminando entre seus pés.
- Mantenha os ombros relaxados (não encostados nas orelhas) e a cabeça alinhada com a coluna.
- Mantenha seus quadris alinhados com a frente e seus joelhos alinhados com os pés.

- Pise com firmeza com a parte de dentro de seus pés para trabalhar os adutores (ou parte interna das coxas).
- Trabalhe os músculos do core. Eles estabilizam a coluna, a pelve e os ombros e mantêm sua parte superior do corpo conectada com a parte inferior.
- Respire! Expire audivelmente pela boca para ajudá-lo a conectar-se com seu core, especialmente seus abdominais. Acima de tudo, não prenda a respiração!

O restante da Parte 2 introduz diversos exercícios básicos numa variedade de posições, muitos das quais reaparecem como parte de seleções posteriores. Se você é novo no BOSU, pode querer usar seu tempo e ficar à vontade com os movimentos nesta seção antes de proceder.

Nota: você perceberá que muitos dos exercícios iniciam orientando-o a ficar a uma distância "confortável" atrás ou ao lado do BOSU. Em virtude de diferenças nas proporções dos corpos, não há uma posição inicial fixa. Por exemplo, se você tiver pernas longas, ficará mais longe que algumas pessoas com pernas mais curtas. Você pode, portanto, ter de experimentar para encontrar sua melhor posição inicial.

Subindo no domo e descendo dele

Os exercícios, nesta seção, o ajudarão a se acostumar a mover-se entre o chão e o domo. Eles envolvem transferir seu peso e ajustar as diferenças entre a estabilidade do chão e a instabilidade do BOSU.

Dicas úteis

- Garanta que seus tornozelos não virem para dentro nem para fora.
- Mantenha os joelhos acima dos dedos dos pés.
- Relaxe seus ombros e eleve a cabeça.
- Olhe para a frente (olhar para baixo pode tirar seu equilíbrio).

PISANDO PARA CIMA E PARA BAIXO (*STEPPING UP AND DOWN*)

POSIÇÃO INICIAL: fique a uma distância confortável atrás do domo, com seus pés na distância dos quadris. Mantenha as mãos ao lado do corpo.

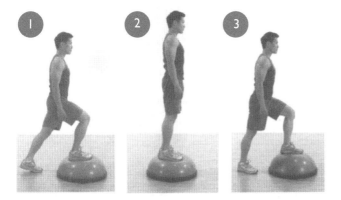

Posição inicial

1 Lentamente, pise sobre o domo com o pé direito, mirando o lado direito do centro do BOSU.

2 Lentamente, dê um passo com seu pé esquerdo para cima do domo, de modo que seu pé fique no outro lado do centro do BOSU.

3 Desça do BOSU dando um passo para trás com seu pé direito, seguido de seu pé esquerdo.

Repita quatro ou cinco vezes e comece novamente com o outro lado.

DICAS

- Mantenha seus ombros e quadris para a frente.
- Pise com firmeza sobre do domo.
- Coloque o pé de cada lado do centro do BOSU.

Subindo e descendo

ELEVAÇÃO DE JOELHO BÁSICA (*BASIC KNEE LIFT*)

POSIÇÃO INICIAL: fique a uma distância confortável atrás do domo. Eleve seus braços à frente.

Posição inicial

1 Lentamente, pise sobre o domo com o pé direito, mirando o lado direito do centro do BOSU.

2 Incline-se levemente para a frente. Ao mesmo tempo, flexione seu joelho de apoio, elevando o joelho oposto em direção ao corpo.

3 Desça dando um passo para trás do domo com seu pé esquerdo, seguido pelo seu pé direito.

Comece novamente com o outro lado. Então alterne de lado para lado.

Repita quatro ou cinco vezes.

DICAS

- Coloque seu pé firmemente sobre o domo. Mire os lados do centro do BOSU.

Construindo equilíbrio e estabilidade

Quando você estiver pela primeira vez sobre o domo, seu corpo poderá balançar enquanto se ajusta à superfície instável do domo. Com prática, seu cérebro e seu corpo aprenderão como se adaptar à nova superfície.

Quando você ficar em pé sobre o domo, lembre-se de manter sua pelve e sua coluna "neutras" – sua posição mais segura e natural. Lembre-se também de ativar seu core. Esses músculos o ajudarão a ficar conectado e ereto.

Dicas úteis

- Ative seus abdominais para se conectar com seu core e criar um centro mais forte.
- Olhe para a frente e mantenha a cabeça alinhada. A posição de sua cabeça afeta seu equilíbrio.

FICANDO EM PÉ SOBRE O DOMO (STANDING ON THE DOME)

POSIÇÃO INICIAL: fique em pé sobre o domo, com seus joelhos flexionados e seus pés nivelados e separados aproximadamente na linha dos quadris. Abra os braços para os lados, formando um T.

Posição inicial

1 Mantendo os quadris alinhados e para a frente, eleve-se a partir dos quadris e faça uma rotação para a direita a partir da cintura.

2 Retorne ao centro.

Repita quatro ou cinco vezes e então inicie com o outro lado.

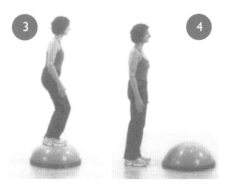

DICAS

- Mantenha seus joelhos alinhados com os dedos dos pés.
- Evite contrair a pelve. Deixe o osso sacro ficar pesado.
- Certifique-se de que seus pés estejam nivelados.

DESAFIO

Fique em pé no domo com os olhos fechados. É muito mais difícil desse modo, porque não há dicas visuais para seu cérebro utilizar.

Construindo equilíbrio
Torção lateral (*side twist*)

POSIÇÃO INICIAL: fique a uma distância confortável atrás do domo. Braços relaxados ao lado do corpo.

Posição inicial

1 Lentamente, pise sobre o domo com seu pé direito.

2 Lentamente, pise com seu pé esquerdo sobre o domo.

3 Fique em pé com os joelhos levemente flexionados e a coluna numa posição neutra. Mantenha a posição por cinco segundos.

4 Retorne à posição inicial.

DICA
- Relaxe seus ombros e mantenha a cabeça alinhada com a coluna.

SUPERDESAFIO

Segure uma bola de peso em frente ao tronco enquanto faz a torção. Mantenha seus punhos firmes e alinhados com seus antebraços.

Ajoelhando no domo

Ajoelhar sobre o domo pode ser difícil, uma vez que seu centro vertical de gravidade se altera. Isso significa que seu cérebro precisa se ajustar a um novo padrão de distribuição de peso. Você pode se surpreender com a rapidez de sua adaptação!

Cuidado: evite todos os exercícios de joelhos se você tem problemas no joelho.

AJOELHANDO COM POSTURA ERETA (*KNEELING TALL*)

POSIÇÃO INICIAL: fique de joelhos no domo com um joelho de cada lado do centro do BOSU. Apoie os dedos dos pés no chão atrás de você. Mantenha os braços para os lados formando um T.

Posição inicial

1. Ative o core e eleve os dedos de um pé do chão. Mantenha por cinco segundos e solte.

2. Eleve os dedos do outro pé. Mantenha por cinco segundos e solte.

3. Continue centrado sobre os joelhos, distribuindo o peso igualmente em ambos os joelhos e eleve os dedos de ambos os pés do chão. Mantenha por cinco segundos e solte.

Repita quatro ou cinco vezes.

DICAS

- Eleve os braços acima da cabeça em direção ao teto durante o exercício.

- Ative seus abdominais inferiores e a parte interna das coxas para ficar conectado e ereto.

Ajoelhando

AJOELHANDO COM QUATRO APOIOS (*KNEELING ON ALL FOURS*)

POSIÇÃO INICIAL: fique ajoelhado com quatro apoios com seus joelhos afastados na distância dos quadris sobre o domo. Coloque suas mãos no chão em frente ao domo.

Posição inicial

1 Ative seu core e, lentamente, eleve e estenda seu joelho direito para trás na altura do quadril. Depois abaixe.

2 Fique conectado e, lentamente, eleve e estenda seu joelho esquerdo para trás na altura do quadril. Depois abaixe-o novamente.

3 Concentre-se nos abdominais inferiores e, lentamente, eleve e estenda seu cotovelo direito para a frente na altura do ombro. Então abaixe o braço.

4 Fique conectado e, lentamente, eleve e estenda seu cotovelo esquerdo para a frente na altura do ombro. Depois abaixe.

Repita quatro ou cinco vezes.

DICAS

- Pressione firmemente a base das mãos para evitar afundar a coluna entre as escápulas.
- Mantenha os joelhos e quadris nivelados e alinhados.
- Mantenha o pescoço alongado e a cabeça alinhada com a coluna.

DESAFIO

Estenda o joelho e o cotovelo opostos ao mesmo tempo.

Trabalhando abdominais, posteriores da coxa e glúteos

Sem o apoio do core, nós temos problemas com movimentos mais difíceis. Os exercícios nesta seção focam os abdominais, os posteriores da coxa e os glúteos. Eles o ajudam a desenvolver o core e a criar uma base forte para os exercícios posteriores.

INCLINAÇÃO PÉLVICA (*PELVIC TILT*)

Cuidado: se você tem a região lombar sensível, mantenha os movimentos de inclinação pequenos. Evite deixar as costas arqueadas ou planas demais.

POSIÇÃO INICIAL: sente no domo com seu quadril sobre o centro do BOSU ou ligeiramente à frente dele. Apoie seus pés no chão, separados na distância do quadril, e suas mãos sobre o joelho.

Posição inicial

1 Estenda ligeiramente as pernas, movimentando a pelve para trás e estendendo os braços, ainda com as mãos apoiadas no joelho.

2 Lentamente, deslize a pelve e volte à posição inicial.

Repetir quatro ou cinco vezes.

DICAS

- Mantenha a parte superior do corpo parada enquanto movimenta a pelve.

- Use seus abdominais inferiores, não os glúteos, para mover sua pelve para a frente e para trás.

Parte inferior do corpo
ROLAMENTO DE QUADRIL EM PONTE (*HIP ROLL IN BRIDGE*)

POSIÇÃO INICIAL: sente-se no chão com as costas para o domo e sua região lombar suavemente apoiada contra a borda da frente do BOSU. Flexione seus joelhos e apoie os pés no chão. Apoie suas mãos no chão perto dos quadris.

Posição inicial

1 Pressione os pés e, lentamente, eleve os quadris do chão, até que a parte superior das costas, ombros e cabeça estejam apoiados no domo.

2 Lentamente, role a coluna para baixo, até a posição inicial.

Repetir quatro ou cinco vezes.

DICAS

• Certifique-se de estar centralizado no domo.

• Pressione seus pés durante o exercício para manter os quadris elevados e ficar conectado ao seu core.

Trabalhando costas e pernas

Nesta seção, você trabalhará virado para baixo sobre o domo e deverá estender sua coluna ou algum membro. Movimentar uma parte do seu corpo para longe de seu centro exigirá muito do seu core. Para proteger suas costas, certifique-se de envolver a parte inferior da barriga.

Pelo fato de possuirmos diferentes proporções corporais, você pode ter de ajustar sua posição sobre o domo para encontrar seu centro de gravidade. Para maiores informações, veja a página 31.

EXTENSÃO DE UMA PERNA (SINGLE-LEG EXTENSION)

POSIÇÃO INICIAL: deite-se de bruços com seu tronco sobre o domo. Projete suas pernas para trás. Apoie suas mãos no chão em frente ao domo. *Nota:* Ajuste sua posição para encontrar seu centro de gravidade.

Posição inicial

1 Levantando a partir dos glúteos, e não das costas, estenda e eleve sua perna direita não mais que a altura do quadril. Mantenha por dois segundos, então abaixe novamente a perna.

2 Estenda e eleve sua perna esquerda não mais que a altura do quadril. Mantenha por dois segundos e abaixe a perna.

Repita quatro ou cinco vezes

DESAFIO

Eleve o braço e a perna opostos ao mesmo tempo. Mantenha por cinco segundos.

DICA

- Mantenha sua cabeça alinhada com a coluna durante o exercício.

Costas e pernas

EXTENSÃO DE COSTAS SIMPLES (*SIMPLE BACK EXTENSION*)

POSIÇÃO INICIAL: deite-se de bruços com seu tronco sobre o domo, mantendo suas pernas flexionadas ou esticadas. Estenda seus braços para trás em direção a seus quadris e apoie as palmas das mãos em cima do domo. Mantenha a cabeça relaxada. *Nota:* ajuste sua posição para encontrar seu centro de gravidade.

1 Ative seus abdominais inferiores e, mantendo seu pescoço alongado, eleve um pouco sua cabeça.

2 Começando e guiando o movimento com o topo da cabeça, descole lentamente a parte superior do corpo do domo o quanto puder, sem arquear a região lombar. Evite contrair a parte superior das costas e do pescoço. Mantenha a posição por dois segundos.

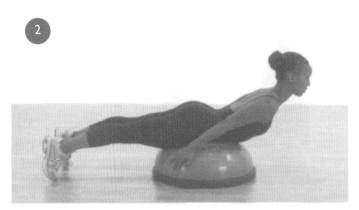

3 Lentamente, retorne à posição inicial.

Repita quatro ou cinco vezes.

DICAS

- Mantenha a cabeça alinhada com a coluna durante o exercício.
- Estenda os quadris para alongar as costas.

Trabalhando com agachamentos e avanços

Agachamentos e avanços trabalham os posteriores das coxas, os glúteos e os quadríceps, mas não podem ser feitos sem a ajuda dos abdominais e de outros músculos do core. O BOSU força você a se exercitar de maneira integrada e funcional. Quanto mais forte estiver seu core, melhor será sua *performance* – em cima do BOSU ou fora dele.

AGACHANDO NO DOMO (SQUATING ON THE DOME)

POSIÇÃO INICIAL: fique em pé sobre o domo com seus joelhos flexionados e seus pés separados na distância dos quadris. Relaxe as mãos ao lado do corpo.

Posição inicial

1 Lentamente, flexione seus joelhos até agachar, mantendo suas costas planas e seus joelhos acima dos dedos dos pés. Ao mesmo tempo, eleve (num movimento de arco) seus braços à frente. Mantenha por dois segundos.

2 Lentamente, retorne seu corpo de volta à posição inicial, abaixando seus braços até os lados do corpo.

Repita quatro ou cinco vezes.

DICAS

- Mantenha sua cabeça alinhada com a coluna durante o exercício.
- Ative seus abdominais inferiores e a parte interna das coxas para ter estabilidade.
- Evite arquear ou retrair a pelve.

DESAFIO

Circule seus braços na sua frente enquanto se agacha. Comece em cima e faça um círculo para a direita. Para um desafio ainda maior, siga seus braços com os olhos. Olhar para o teto é especialmente difícil!

Agachamentos e avanços
PISADA LATERAL PARA AVANÇO LATERAL (*SIDE TAP TO LUNGE*)

POSIÇÃO INICIAL: fique em pé sobre o domo com seus joelhos flexionados e seus pés nivelados e separados na distância dos quadris. Coloque os braços à frente de seu tronco e flexione os cotovelos.

Posição inicial

1 Incline-se levemente para a frente a partir dos quadris (como se você estivesse num leve agachamento) e toque os dedos de seu pé direito no chão à direita do domo.

2 Pise de volta no domo com seu pé direito.

3 Repita os passos 1 e 2 para a esquerda.

Repita diversas vezes.

DICAS

- Fique centralizado e abaixado no domo. Quanto mais compacto você estiver, mais fácil será para se movimentar.

- Ative a parte interna das coxas e os abdominais inferiores para ter estabilidade.

DESAFIO

Gradualmente, aumente a velocidade e, enquanto faz as pisadas, mova seus braços para o lado oposto, para alterar a troca de peso.

Saindo da superfície do domo

Os saltos sobre o domo são especialmente desafiadores, mas são divertidos e também bons para você, pois constroem massa óssea. Felizmente, a superfície do BOSU tem uma "folga" e amortece o choque de um salto. Ao mesmo tempo, a instabilidade da superfície pode derrubar você e força o corpo a se ajustar.

PISANDO SOBRE O DOMO (STEPPING ON THE TOP OF THE DOME)

POSIÇÃO INICIAL: fique em pé sobre o domo com seus joelhos flexionados e seus pés nivelados e separados na distância dos quadris. Deixe os braços um de cada lado do corpo.

Posição inicial

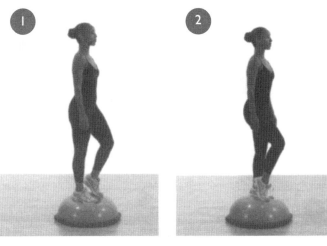

1 Transfira seu peso para o pé direito e, lentamente, pise com o pé direito. Mantenha por dois segundos.

2 Transfira seu peso para o pé esquerdo e, lentamente, pise com o pé esquerdo. Mantenha por dois segundos.

Repita várias vezes.

DESAFIO
Altere para uma marcha lenta. Então, tente elevar alto os seus joelhos enquanto marcha.

SUPERDESAFIO
Aumente a velocidade para *jogging*.

DICAS

• Coloque seus pés de cada lado do centro do BOSU enquanto transfere seu peso de lado para lado.

• Olhe para a frente e foque em um ponto.

• Ative seu core para ficar conectado da cabeça aos pés.

Saindo da superfície

SALTO PARA A FRENTE COM UM PÉ (*SINGLE-FOOT FOWARD JUMP*)

POSIÇÃO INICIAL: fique em pé a uma distância confortável atrás do domo. Deixe os braços um de cada lado do corpo.

Posição inicial

1 Transfira seu peso para seu pé esquerdo. Ao mesmo tempo, eleve ligeiramente seu pé direito do chão.

2 Pule sobre o domo com seu pé direito, mirando o centro do BOSU. Pise firmemente com o joelho flexionado.

3 Dê um passo para trás do domo com seu pé esquerdo.

4 Toque o chão com o pé direito ao lado do pé esquerdo.

Repita quatro ou cinco vezes, então comece com o outro lado.

DICAS

- Apoie seu pé firmemente no domo para "grudar" sua aterrisagem.

- Ative seus abdominais e contraia os deltoides para ficar conectado.

Saindo da superfície
SALTO LATERAL COM UM PÉ (*SINGLE-FOOT SIDEWAYS JUMP*)

POSIÇÃO INICIAL: fique em pé a uma distância confortável ao lado do domo. Deixe os braços um de cada lado do corpo.

Posição inicial

1 Transfira seu peso para o pé esquerdo. Ao mesmo tempo, eleve ligeiramente seu pé direito do chão.

2 Pule sobre o domo com seu pé direito, mirando o centro do BOSU. Pise firmemente com o joelho flexionado.

3 Dê um passo para fora do domo com seu pé esquerdo.

4 Toque o chão com o pé direito ao lado do pé esquerdo.

Repita quatro ou cinco vezes, então comece com o outro lado.

DICAS

• Apoie seu pé firmemente no domo para "grudar" sua aterrisagem.

• Ative seus abdominais e contraia os deltoides para ficar conectado.

Parte 3

Os exercícios

Sobre os exercícios

A Parte 3 contém vários exercícios agrupados por tipo: agachamentos, avanços, exercícios para as costas e assim por diante. Como a maioria dos exercícios com o BOSU trabalha mais de um grupo muscular ao mesmo tempo, os exercícios estão agrupados livremente – mais por questões de organização que por outro motivo.

Cada categoria de exercício começa com uma breve introdução e uma lista de *dicas úteis*. Por favor, leia com cuidado e siga as instruções para sua própria segurança e aproveitamento. Se você teve qualquer lesão, consulte seu médico ou professor para se certificar de que esses exercícios são adequados para você.

Dentro de cada categoria, cada exercício mostra uma posição inicial seguida por instruções passo a passo e muitas fotos ilustrativas para cada movimento. Por favor, leia as instruções antes de começar.

Após a maioria dos exercícios, há uma lista de *dicas* relevantes – ideias para ter em mente ou dicas para melhorar a execução. Também há variações do exercício principal – *básico, desafio e superdesafio* – para acomodar diferentes níveis de aptidão física.

Nota: Muitos dos exercícios iniciam orientando-o a ficar a uma distância "confortável" atrás do BOSU ou ao lado dele. Em razão de diferenças nas proporções dos corpos, não há uma posição inicial fixa. Por exemplo, se você tiver pernas longas, ficará mais longe que algumas pessoas com pernas mais curtas. Você pode, portanto, ter de experimentar para encontrar sua melhor posição inicial.

Da mesma maneira, quando você se deitar sobre o domo, olhando para cima, para baixo ou para o lado, poderá ter de ajustar sua posição para encontra seu centro de gravidade. Se suas pernas forem relativamente mais longas que o resto do seu corpo, você provavelmente se sentirá mais equilibrado se o centro do BOSU estiver mais perto de sua cabeça. Se o seu tronco for relativamente mais longo que o resto do seu corpo, o inverso provavelmente lhe será melhor. Experimente com diferentes posições para ver o que funciona melhor.

Cardio e saltos

Cardio é a abreviação de cardiovascular. Exercícios cardiovasculares aceleram a frequência cardíaca, expandem a capacidade pulmonar e melhoram a circulação. Outros benefícios incluem a perda de peso, aumento da densidade óssea, melhora na saúde, mais energia e sono mais profundo.

Usar o BOSU para cardio é muito parecido com o uso de um *step* aeróbio. Você pode usar padrões e combinações similares, bem como música para energizar e melhorar seus exercícios.

Esta seção introduz alguns desses movimentos e também inclui uma série de saltos. É preciso muito equilíbrio, controle e estabilidade para dar saltos numa superfície nivelada. Fazer isso também sobre o domo arredondado de um BOSU torna a tarefa ainda mais desafiadora, mas também pode ser mais divertido.

A superfície do BOSU amortece seu corpo quando você salta sobre ela, mas também pode tirar seu equilíbrio. Muitas pessoas cometem o erro de tentar saltar muito alto. Tome seu tempo e comece com saltos pequenos, de modo que seu corpo possa se ajustar à superfície e você tenha maior controle.

Dicas úteis

- Pratique primeiro no chão para se acostumar com o padrão.
- Conecte-se a seu core e fique firme da cabeça aos pés.
- Mantenha seus joelhos flexionados e a parte interna das coxas firme.
- Pouse com firmeza sobre o domo com ambos os pés planos e nivelados.
- Distribua o peso igualmente pelo pé para ajudar no equilíbrio. Evite rolar para dentro ou para fora.
- Fique virado para a frente, mantenha os ombros e quadris alinhados e olhe para a frente.
- Expire pela boca e emitindo som, especialmente quando fizer força, para conectá-lo ao core e ajudá-lo a conseguir superar esses momentos de extremo desafio.

Cardio e saltos
Joelho power (*power knee*)

POSIÇÃO INICIAL: fique a uma distância confortável atrás do domo, com seus joelhos levemente flexionados. Estenda os braços à sua frente na altura dos ombros.

Posição inicial

1 Salte com firmeza sobre o domo com seu pé direito, mirando o centro do BOSU. Enquanto pisa, expire para conectar-se ao core e certifique-se de que o joelho de sustentação está flexionado; passe os braços para trás; mantenha por dois segundos.

2 Desça dando um passo para trás com seu pé esquerdo. Ao mesmo tempo, passe os braços novamente para a frente.

3 Dê um passo para trás com seu pé direito, junto ao pé esquerdo, mantendo os braços à frente.

Comece com o outro lado após seu pé direito tocar o chão. Alterne os lados.

Repita quatro ou cinco vezes.

Contagem	1	2	3	4
Dica	salto	mantém	atrás	passo

Cardio e saltos

REPETIÇÃO DE JOELHO TRÊS VEZES (*THREE KNEE REPEATER*)

POSIÇÃO INICIAL: fique a uma distância confortável atrás do domo com seus quadris, joelhos e dedos dos pés virados para frente. Deixe os braços um de cada lado do corpo.

Posição inicial

1 Pise com firmeza no centro do BOSU com seu pé direito, inclinando-se levemente para a frente enquanto firma o pé. Ao mesmo tempo, passe seus braços num movimento semicircular para a frente na altura do ombro.

2 Flexione o joelho esquerdo, puxando na direção de seu corpo. Ao mesmo tempo, passe os braços para trás.

3 Estenda seu joelho esquerdo atrás de você, tocando os dedos no chão. Ao mesmo tempo, passe os braços para a frente.

4 Repita os passos 2 e 3. Então, flexione seu joelho em direção ao peito mais uma vez, passando os braços para trás.

DICAS

- Fique um pouco abaixado enquanto se move.

- Contraia seus abdominais, especialmente a parte inferior da barriga, para ajudar na estabilidade.

5 Desça do BOSU pisando no chão com seu pé esquerdo. Ao mesmo tempo, passe os braços para a frente.

6 Pise com seu pé direito ao lado do esquerdo e passe seus braços para trás.

Comece novamente com o outro lado após seu pé direito tocar o chão. Alterne os lados.

Repita quatro ou cinco vezes.

Contagem	1	2	3	4	5	6	7	8
Dica	passo	joelho	estica	joelho	estica	joelho	atrás	passo

Cardio e saltos
L-Step/Leg-curl combo

POSIÇÃO INICIAL: fique a uma distância confortável atrás do domo, com seus quadris, joelhos e dedos dos pés virados para a frente. Deixe os braços um de cada lado do corpo.

Posição inicial

1. Pise com firmeza no centro do BOSU com seu pé direito, inclinando-se levemente para a frente e transferindo seu peso enquanto firma o pé. Ao mesmo tempo, passe os braços num movimento semicircular para a frente.

2. Flexione o joelho esquerdo e eleve a perna atrás de você num *leg curl*. Ao mesmo tempo, passe os braços para trás.

3. Pise com seu pé esquerdo no chão, do lado esquerdo do domo. Ao mesmo tempo, passe os braços para a frente.

4. Inclinando-se levemente para a esquerda, eleve sua perna direita e flexione o joelho direito na direção do peito. Ao mesmo tempo, passe os braços para trás.

5 Pise novamente no domo com seu pé direito. Ao mesmo tempo, passe os braços para a frente.

6 Eleve sua perna esquerda atrás de você num *leg curl* novamente. Ao mesmo tempo, passe os braços para trás.

7 Desça do domo dando um passo para trás com seu pé esquerdo. Ao mesmo tempo, passe os braços para a frente.

8 Pise com seu pé direito no chão ao lado do pé esquerdo e passe os braços para trás.

Inicie novamente com o outro lado após seu pé direito tocar o chão. Alterne os lados.

DICAS

- Fique centralizado sobre os quadris enquanto se movimenta.
- Mantenha seus ombros e quadris virados para a frente.
- Contraia seus abdominais, especialmente a parte inferior da barriga, para ajudar na estabilidade.

Contagem	1	2	3	4	5	6	7	8
Dica	passo	*curl*	passo	elevação	passo	*curl*	atrás	passo

Cardio e saltos
CHUTE PARA A FRENTE (*FRONT LEG KICK*)

POSIÇÃO INICIAL: fique a uma distância confortável atrás do domo, com seus quadris, joelhos e dedos dos pés virados para a frente. Deixe os braços um de cada lado do corpo.

Posição inicial

1 Pise com firmeza no centro do BOSU com seu pé direito. Ao mesmo tempo, passe os braços com um movimento semicircular para a frente.

2 Flexione seu joelho esquerdo e chute para a frente. Ao mesmo tempo, traga os cotovelos para junto da cintura e feche os punhos.

3 Desça dando um passo para trás com seu pé esquerdo e esticando seus braços para a frente.

4 Agora, pise no chão com o pé direito enquanto passa os braços para trás.

Repita quatro ou cinco vezes, então comece com o outro lado.

SUPERDESAFIO
Alterne entre chutar o pé esquerdo para a frente e esticá-lo para trás o máximo que puder quando volta, mantendo a perna de trás esticada.

Contagem	1	2	3	4
Dica	passo	chute	atrás	passo

DICA
- Mantenha seus ombros e quadris virados para a frente.
- Evite inclinar-se para a frente ou para trás enquanto faz o chute.

Cardio e saltos
CHUTE LATERAL (*SIDE LEG KICK*)

POSIÇÃO INICIAL: fique a uma distância confortável à esquerda do domo, com os pés abertos na distância dos quadris e com seus quadris, joelhos e dedos dos pés virados para a frente. Deixe os braços um de cada lado do corpo.

Posição inicial

1

2

1 Pise com firmeza no domo com seu pé direito e eleve os braços formando um T.

2 Mantendo os joelhos estendidos e os braços em T, chute com o pé esquerdo para o lado.

3

4

3 Desça do BOSU pisando fora dele com o pé esquerdo e abaixe os braços.

4 Pise com o pé direito ao lado do pé esquerdo.

Repita quatro ou cinco vezes, então comece com o outro lado.

DICAS

• Fique ereto. Evite inclinar-se para o lado enquanto chuta.

• Contraia seu core, especialmente os abdominais inferiores, para estabilizar.

Contagem	1	2	3	4
Dica	passo	chute	passo	pisada

Cardio e saltos
JOELHO NO PEITO (*KNEE TO CHEST*)

POSIÇÃO INICIAL: fique em pé sobre o domo com os pés abertos na distância dos quadris e com seus quadris, joelhos e dedos dos pés virados para frente. Eleve os braços para cima, mantendo-os esticados e as palmas das mãos viradas para a frente.

Posição inicial

1 Flexione e eleve seu joelho direito em cerca de 90°. Ao mesmo tempo, desça os braços num movimento semicircular até ficarem dos dois lados do joelho. As palmas das mãos devem ficar viradas para baixo.

2 Pise no domo com seu pé direito e eleve os braços novamente.

3 Repita os passos 1 e 2 no outro lado, elevando seu joelho esquerdo.

Repita quatro ou cinco vezes.

BÁSICO

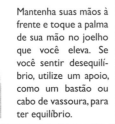

Mantenha suas mãos à frente e toque a palma de sua mão no joelho que você eleva. Se você sentir desequilíbrio, utilize um apoio, como um bastão ou cabo de vassoura, para ter equilíbrio.

DICAS

- Fique firme sobre o domo com sua perna de apoio.
- Ative o core vigorosamente para ajudá-lo a se estabilizar.
- Mantenha seus joelhos levemente flexionados para ter estabilidade.

Contagem	1	2	3	4
Dica	passo	elevação	passo	elevação

Cardio e saltos

SALTO COM DOIS PÉS (*TWO-FOOT JUMP*)

POSIÇÃO INICIAL: fique a uma distância confortável atrás do domo, com seus pés separados na distância dos quadris. Deixe os braços um de cada lado do corpo.

Posição inicial

1 Flexione os joelhos para se preparar. Foque o centro do BOSU. Ao mesmo tempo, passe os braços para trás.

2 Salte com os dois pés sobre o domo, passando os braços em movimento semicircular para a frente. Expire enquanto pousa no domo com os joelhos flexionados; um pé de cada lado do centro do BOSU e seus joelhos sobre os dedos dos pés.

3 Desça pulando de volta para o chão, para trás, com os dois pés.

BÁSICO

Em vez de saltar de volta para o chão, desça pisando para fora do domo com um pé de cada vez.

DESAFIO

Vá para o lado esquerdo do domo e experimente o mesmo salto com os dois pés, da lateral para o topo do domo. Desça saltando para o lado, pousando com os dois pés.

SUPERDESAFIO

Combine saltos de frente e laterais aleatoriamente. Faça os saltos o mais continuamente possível.

DICA

- Ative o core e fique conectado da cabeça aos pés.

Cardio e saltos

Saltos com virada (*turning jumps*)

POSIÇÃO INICIAL: fique em pé sobre o domo com os pés separados na distância dos quadris e com seus quadris, joelhos e dedos dos pés virados para frente. Deixe os braços um de cada lado do corpo.

Posição inicial

1-2 Flexione os joelhos para preparar. Salte virando para o canto direito, pousando firmemente com os joelhos flexionados.

3 Continue saltando em uma direção oito vezes até retornar à frente.

Comece com o outro lado. Então alterne direções.

Repita quatro ou cinco vezes.

BÁSICO

Salte virando para o canto direito (oitavo salto), então salte novamente para o centro. Agora, salte para o canto esquerdo e de volta para o centro.

DESAFIO

Em vez de oito saltos, dê a volta no domo em quatro saltos.

SUPERDESAFIO

Tente completar a volta do domo em apenas dois saltos.

DICAS

- Crie pontos de foco para cada volta. Escolha um ponto fixo para dar a virada e pouse com seus olhos. Seus pés seguirão.

- Mantenha os músculos de seu core contraído.

Cardio e saltos

SALTOS COM TROCA CROSS-COUNTRY (CROSS-COUNTRY SWITCH JUMPS)

POSIÇÃO INICIAL: fique em pé sobre o domo com seus quadris, joelhos e dedos dos pés virados para a frente. Feche as mãos à frente, como se estivesse segurando bastões de esqui.

Posição inicial

1 Flexione seus joelhos suavemente para se preparar, então salte suavemente e pouse com seu pé direito à frente e o pé esquerdo atrás. Ao mesmo tempo, mova os braços em oposição aos pés.

2 Salte novamente e troque seus pés de modo que o pé esquerdo fique à frente e o pé direito, atrás. Ao mesmo tempo, mova os braços em oposição aos pés.

Repita várias vezes, aumentando a velocidade gradualmente.

DESAFIO

Alterne entre dois saltos simples (um salto de cada lado) e um salto duplo (dois saltos do mesmo lado), de modo que o padrão seja "simples, simples, duplo". Então, tente saltar um pouco mais alto no segundo dos saltos duplos.

DICAS

• Fique um pouco abaixado e movimente apenas a parte inferior do corpo.

• Ative seu core para manter as partes inferior e superior do corpo conectadas.

Cardio e saltos

SALTOS MOGUL (*MOGUL JUMPS*)

POSIÇÃO INICIAL: fique em pé sobre o domo com seus quadris, joelhos e dedos dos pés virados para frente. Feche as mãos à frente, como se estivesse segurando bastões de esqui.

Posição inicial

1 Flexione levemente os joelhos para se preparar, então salte em direção ao canto direito, fazendo uma torção a partir dos quadris, mas mantendo os ombros direcionados para a frente. Fique um pouco abaixado e mantenha seus joelhos e pés unidos.

2 Continue a manter os ombros direcionados para a frente e salte em direção ao canto esquerdo.

Repita diversas vezes, aumentando a velocidade gradualmente.

DESAFIO

Para se divertir, alterne entre dois saltos simples (um salto de cada lado) e um salto duplo (dois saltos no mesmo lado), de modo que o padrão seja "simples, simples, duplo". Então, tente saltar um pouco mais alto no segundo dos saltos duplos.

DICAS

- Olhe para a frente.
- Mantenha a parte superior do corpo parada e movimente apenas quadris e pernas.

Cardio e saltos

Salto recolhido (*tuck jump*)

POSIÇÃO INICIAL: fique em pé sobre o domo com os pés separados na distância dos quadris e com seus quadris, joelhos e dedos dos pés virados para frente. Feche as mãos à frente, como se estivesse segurando bastões de esqui.

Posição inicial

1 Flexione seus joelhos para se preparar. Ao mesmo tempo, passe os braços para trás.

2 Salte o mais alto que puder. Posicione-se firmemente sobre os joelhos flexionados com um pé de cada lado do centro do BOSU. Ao mesmo tempo, recolha os cotovelos para junto do corpo.

Repita os passos 1 e 2 diversas vezes, saltando um pouco mais alto a cada vez até que você possa recolher os pés embaixo de você enquanto está no ar.

DICA

- Fique firme enquanto pousa e permaneça conectado da cabeça aos pés.

Agachamentos e avanços

Agachamentos e avanços focam os glúteos, os posteriores da coxa e o quadríceps. Eles também desafiam seu core e ajudam a desenvolver joelhos, pés e tornozelos estáveis. Além disso, os avanços tendem a tirar o corpo do equilíbrio em razão de sua amplitude. Você precisa de quadris e ombros estáveis para compensar essa inclinação, e isso significa que você precisa de um core muito forte, uma vez que os músculos do core podem ajudar a estabilizar a pelve e a coluna.

Quando agachamos ou fazemos um avanço sobre uma superfície instável como o BOSU, existe ainda a dimensão extra do equilíbrio a ser levada em conta – e isso não é pouca coisa! Isso posto, agachar e arremeter sobre o domo necessita de força, estabilidade e uma conexão muito forte entre as partes inferior e superior do corpo. Os exercícios nesta seção o ajudarão a alcançar essa meta.

Dicas úteis

- Conecte-se ao seu core e fique firme desde o assoalho pélvico até seus ombros.
- Mantenha seus pés nivelados sobre o domo. Evite rolá-los para dentro ou para fora.
- Mantenha seus quadris nivelados e virados para a frente.
- Mantenha sua cabeça alinhada com a coluna.
- Mantenha seus ombros acima dos quadris e seus joelhos acima dos dedos dos pés.
- Quando fizer um avanço, apoie firme o pé que está no domo no centro do BOSU e fique bem-apoiado na perna de sustentação.

COMBO DE AGACHAMENTO E ELEVAÇÃO PARA O TETO (*SQUAT AND OVER-THE-TOP COMBO*)

POSIÇÃO INICIAL: fique a uma distância confortável à esquerda do domo, com seus pés separados na distância dos quadris e com seus quadris, joelhos e dedos dos pés virados para a frente. Coloque as mãos uma de cada lado do corpo.

Posição inicial

1 Pise com firmeza no centro do domo com seu pé direito e flexione os dois joelhos num agachamento. Ao mesmo tempo, passe os braços para a frente.

2 Mantendo sua posição do agachamento, alongue o corpo e passe os braços para trás.

Agachamentos e avanços

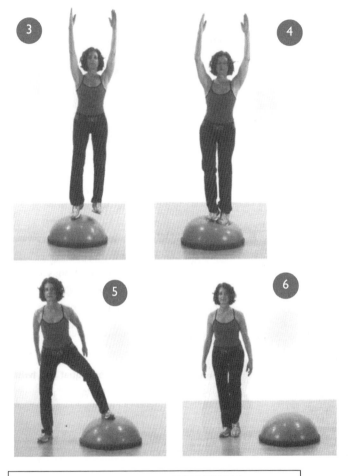

3 Transfira seu peso para o pé direito. Ao mesmo tempo, eleve os braços acima da cabeça.

4 Mantendo seus braços acima da cabeça, pise no domo com seu pé esquerdo.

5 Desça para o lado direito, pisando com o pé direito no chão. Ao mesmo tempo, retorne os braços para cada lado do corpo.

6 Pise com seu pé esquerdo no chão ao lado do pé direito e passe os braços levemente para trás.

Comece novamente com o outro lado. Alterne de lado para lado.

DESAFIO

Aumente a velocidade e adicione um pouco de molejo ou propulsão a seus passos. Impulsione com o primeiro pé, substituindo-o pelo segundo enquanto eleva os braços acima da cabeça e sai levemente do BOSU.

SUPERDESAFIO

Repita a variação desafio, segurando um par de pesos de mão.

DICAS

- Mantenha as costas retas.
- Pressione os calcanhares enquanto se alonga para ativar seus glúteos e os posteriores das coxas.

Contagem	1	2	3	&	4	&
Dica	embaixo	em cima	acima	da	cabeça	E

Agachamentos e avanços
COMBO DE AGACHAMENTO E ROTAÇÃO (*SQUAT AND TWIST COMBO*)

POSIÇÃO INICIAL: fique em pé sobre o domo, com seus pés separados na distância dos quadris e com seus quadris, joelhos e dedos dos pés virados para a frente. Coloque as mãos uma de cada lado do corpo.

Posição inicial

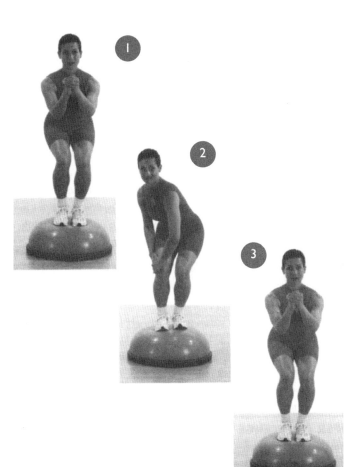

1 Agache. Ao mesmo tempo, flexione seus braços e segure as mãos à sua frente.

2 Mantendo as mãos juntas, faça uma torção para a direita a partir da cintura, sem movimentar os quadris ou os joelhos. Toque a parte externa do joelho direito.

3 Mantenha seu agachamento e gire de volta para o centro.

Contagem	1	2	3	4	5	6	7	8
Dica	agacha	desce	gira	centro	gira	centro	retorna	início

Agachamentos e avanços

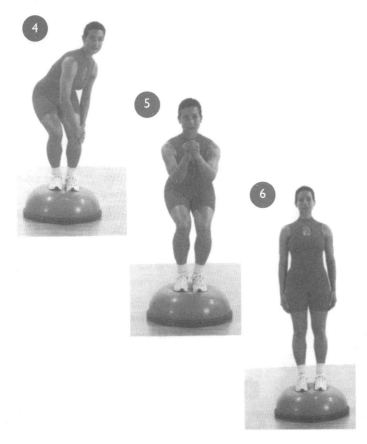

4 Mantendo seu agachamento, faça uma rotação para a esquerda e toque a parte externa do joelho esquerdo.

5 Gire de volta para o centro.

6 Retorne à posição inicial.

Repita quatro ou cinco vezes.

DESAFIO

Para um desafio visual, siga seus braços com os olhos enquanto faz a rotação.

SUPERDESAFIO

Segure uma bola de peso em frente ao tronco e afunde mais o agachamento enquanto faz o exercício. Perceba o aumento de demanda no seu core.

DICA

- Ative seu core vigorosamente para ajudá-lo a estabilizar.

Agachamentos e avanços
COMBO DE AGACHAMENTO LATERAL (*SIDE-SQUAT COMBO*)

POSIÇÃO INICIAL: fique em pé sobre o domo, com seus pés separados na distância dos quadris e com seus quadris, joelhos e dedos dos pés virados para a frente. Coloque as mãos uma de cada lado do corpo.

Posição inicial

1 Dê um passo para fora do domo com o pé direito, pousando num agachamento (a ênfase é para baixo). Ao mesmo tempo, abra os braços formando um T.

2 Alongue o corpo e retorne seu pé direito ao topo do domo (a ênfase é para cima). Retorne as mãos para os lados do corpo.

3 Agache sobre o domo (a ênfase é para baixo). Ao mesmo tempo, segure as mãos à sua frente.

4 Retorne à posição inicial (a ênfase é para cima).

Comece novamente com o outro lado.

Alterne os lados.

Repita quatro ou cinco vezes.

Contagem	1	2	3	4
Dica	agacha	sobe	agacha	desce

DICAS

- Fique centralizado sobre os quadris enquanto se movimenta.
- Mantenha seus joelhos acima dos dedos dos pés durante o exercício, especialmente quando agacha.

Agachamentos e avanços

COMBO DE AGACHAMENTO E ELEVAÇÃO DA PERNA (SQUAT AND LEG-LIFT COMBO)

POSIÇÃO INICIAL: fique em pé sobre o domo, com seus pés separados na distância dos quadris e com seus quadris, joelhos e dedos dos pés virados para a frente. Coloque as mãos de cada lado do corpo.

Posição inicial

1 Ative os abdominais inferiores e agache. Ao mesmo tempo, flexione os braços e segure as mãos à frente.

2 Mantendo as mãos unidas, gire para a direita a partir da cintura sem movimentar seus quadris ou joelhos. Toque a lateral do joelho direito.

3 Gire de volta para o centro e eleve a perna direita enquanto alonga o corpo. Ao mesmo tempo, arqueie os braços para baixo e depois estique para fora, formando um T.

4 Abaixe os braços e a perna e volte para um agachamento, enquanto inicia com o outro lado.

Alterne os lados.

Repita quatro ou cinco vezes.

Contagem	1	2	3	4
Dica	agacha	gira	eleva	desce

DICA

• Ative a parte interna das coxas e do core para ter estabilidade.

Agachamentos e avanços

COMBO DE AGACHAMENTO E SALTO (SQUAT AND JUMP COMBO)

POSIÇÃO INICIAL: fique em pé sobre o domo, com seus pés separados na distância dos quadris e com seus quadris, joelhos e dedos dos pés virados para a frente. Feche as mãos em frente ao corpo, como se estivesse segurando bastões de esqui.

Posição inicial

1 Flexione os joelhos para se preparar. Ao mesmo tempo, passe os braços para trás.

2 Salte com os dois pés e pouse com um agachamento alto, pousando firme com os joelhos flexionados. Passe os braços para a frente enquanto pousa.

3 Repita os passos 1 e 2, mas pouse num agachamento médio ou mais profundo.

Repita os passos 1 e 2 novamente

4 e pouse num agachamento muito profundo.

Repita quatro ou cinco vezes.

DICA

- Ative a parte interna das coxas para ajudar a se estabilizar.

Agachamentos e avanços

COMBO DE AGACHAMENTO KICK BOXING (KICK BOXING SQUAT COMBO)

POSIÇÃO INICIAL: fique a uma distância confortável à esquerda do domo e com os pés juntos. Feche as mãos à frente do corpo.

Posição inicial

1 Dê um passo com o pé direito sobre o domo e faça um agachamento. Ao mesmo tempo, arqueie seus braços à frente na altura dos ombros.

2 Retorne à posição inicial.

3 Transfira seu peso para o pé direito e chute para fora com a perna esquerda, no estilo *kick boxing*. Ao mesmo tempo, traga as mãos junto ao peito.

4 Abaixe seu pé esquerdo para a posição inicial.

Repita quatro ou cinco vezes, então, inicie com o lado posto.

DICAS

- Apoie com firmeza sobre a perna de sustentação quando der o chute.

- Certifique-se de que o joelho e o pé da perna que chuta fiquem virados para a frente.

- Mantenha seus braços e ombros firmes durante o exercício.

Agachamentos e avanços
Retrocesso (backward lunge)

POSIÇÃO INICIAL: fique em pé sobre o domo com seus pés separados na distância dos quadris. Coloque as mãos de cada lado do corpo.

Posição inicial

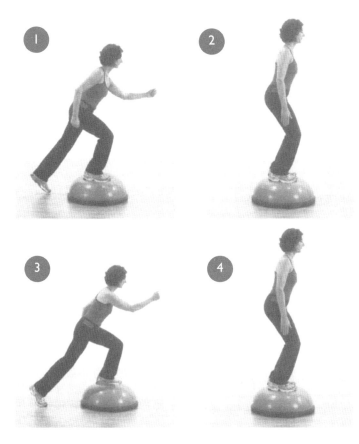

1 Transfira seu peso para o pé direito e flexione mais o joelho direito. Agora, estenda o joelho esquerdo para trás até tocar o chão. Ao mesmo tempo, passe o braço esquerdo para a frente e o braço direito para trás.

2 Pise novamente no domo com seu pé esquerdo.

3 Estenda o joelho direito para trás até tocar o chão. Ao mesmo tempo, passe o braço direito para a frente e o braço esquerdo para trás.

4 Pise novamente no domo com seu pé direito e continue a fazer os avanços de um pé para o outro, aumentando a velocidade gradualmente.

Repita diversas vezes.

SUPERDESAFIO
Enquanto faz o retrocesso, tente estender o pé no ar em vez de tocar o chão atrás de você.

DICAS
- Mantenha seus joelhos acima dos dedos dos pés.
- Eleve seu tronco a partir dos quadris, para ficar para a frente e centrado.
- Ative seu core vigorosamente para compensar o impulso de retorno do domo.

Agachamentos e avanços
Avanço lateral (*side lunge*)

POSIÇÃO INICIAL: fique em pé sobre o domo com seus pés separados na distância dos quadris. Coloque as mãos de cada lado do corpo.

Posição inicial

1 Transfira seu peso para o pé esquerdo e flexione mais o joelho esquerdo. Agora toque a ponta do pé direito no chão, no lado direito do domo. Ao mesmo tempo, passe o braço direito para a frente do tronco.

2 Pise novamente no domo com o pé direito.

3 Toque a ponta do pé esquerdo no chão, no lado esquerdo do domo. Ao mesmo tempo, passe o braço direito para a frente do tronco.

4 Retorne ao domo com o pé esquerdo e continue fazendo os avanços de lado a lado, aumentando gradualmente a velocidade.

Repita várias vezes.

SUPERDESAFIO

Enquanto faz o avanço, estenda seu pé ativo no ar em vez de tocar o domo ou o chão com seu pé. Faça um avanço "no ar" para cada lado e, então, mantenha o terceiro com seu joelho estendido por uma contagem extra.

DICAS

- Olhe sempre para a frente.

- Mantenha seus joelhos acima dos dedos dos pés.

- Ative seu core e evite inclinar-se para o lado e para compensar o impulso de retorno do domo.

Agachamentos e avanços
AVANÇO PARA A FRENTE (*FORWARD LUNGE*)

POSIÇÃO INICIAL: fique a uma distância suficiente, atrás do domo, para poder fazer um avanço para a frente e pisar no centro do BOSU. Feche as mãos em frente ao corpo.

Posição inicial

1 Faça um avanço para a frente sobre o domo com seu pé direito, mirando o centro do BOSU. Pouse com firmeza com o joelho de sustentação em ângulos retos.

2 Retorne à posição inicial.

Alterne os lados, desta vez fazendo o avanço com a perna esquerda.

Repita de cinco a dez vezes.

DESAFIO

Flexione e estenda seu joelho de trás enquanto está na posição de avanço. Certifique-se de que ambos os joelhos estejam flexionados em ângulos retos.

SUPERDESAFIO

Em vez de fazer um avanço para a frente sobre o domo e então dar um passo para trás, troque simultaneamente seus pés de trás para a frente e vice-versa. Mantenha seu peso para a frente quando troca os pés.

DICAS

- Ative seu core, especialmente seus abdominais, para evitar arquear as costas.

- Mantenhas os quadris alinhados e virados para a frente.

Agachamentos e avanços
AVANÇO PARA A FRENTE E RETROCESSO (*LUNGE FORWARD AND BACK*)

POSIÇÃO INICIAL: fique a uma distância suficiente, atrás do domo, para poder fazer um avanço para a frente e pisar no centro do BOSU. Feche as mãos em frente ao corpo.

Posição inicial

1 Faça um avanço para a frente sobre o domo com seu pé direito, mirando o centro do BOSU. Pouse com firmeza sobre um joelho flexionado. Mantenha o joelho de trás flexionado em ângulos retos.

2 Eleve seu pé direito, passando a perna para trás e fazendo um avanço. Pouse com o pé direito flexionado em ângulos retos.

3 Faça um avanço para a frente novamente, então continue a ir para a frente e para trás.

Repita quatro ou cinco vezes, então inicie com o outro lado.

DESAFIO
Faça este exercício segurando um peso em cada mão.

DICAS
- Ative seu core, especialmente seus abdominais, para evitar arquear as costas.
- Mantenha o tronco ereto e os quadris alinhados e virados para a frente.

Abdominais e core

Os exercícios nesta seção focam os abdominais profundos – os oblíquos e o transverso do abdômen – e outros músculos do core. Os músculos do core estabilizam sua coluna, sua pelve e seus ombros e fornecem uma base de força ao transformar o abdômen e a coluna num cilindro rígido. Quanto mais forte for seu core, mais estável e conectado você estará, e poderá se movimentar com mais habilidade e eficácia.

Quando fizer os exercícios nesta seção, puxe para dentro a barriga, puxe para cima os "músculos zíper" (referentes à pelve), ou puxe o umbigo na direção da coluna – qualquer imagem funciona – para ajudá-lo a ativar e fortalecer o assoalho pélvico e os abdominais profundos. Além disso, para fortalecer grupos musculares específicos, os exercícios nesta seção vão treiná-lo a utilizar seu corpo como uma unidade. Fazer isso numa superfície instável aumenta significativamente o desafio. Isso também aumenta a "sintonia fina" do sistema nervoso para trabalhar melhor – sobre o BOSU ou fora dele.

Nota: Muitos desses exercícios requerem que você encontre seu centro de gravidade sobre o domo. Para maiores informações, veja a página 51.

Dicas úteis

- Tome seu tempo para se preparar apropriadamente. Um bom alinhamento já é metade da batalha.
- Fique centralizado e distribua seu peso igualmente.
- Conecte-se a seu core. Fique firme do assoalho pélvico até os ombros.
- Expire audivelmente pela boca nos momentos de esforço maior para se conectar aos abdominais, especialmente os oblíquos.

Abdominais e core
ABDOMINAL (AB CURL)

POSIÇÃO INICIAL: deite de costas com a parte inferior das costas e a parte superior do corpo totalmente estendida sobre o domo. Flexione os joelhos e coloque seus pés no chão, separados na distância dos quadris. Mantenha sua cabeça alinhada com sua coluna e entrelace as mãos atrás da cabeça.

Posição inicial

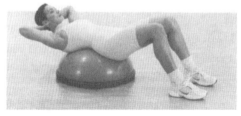

1 Flexione ligeiramente a cabeça para a frente em direção ao peito e role a parte superior do corpo para a frente. Mantenha a parte posterior do pescoço alongada e role a partir das costelas o quanto puder.

2 Lentamente, role para trás, vértebra por vértebra, até a posição inicial.

Repita de cinco a dez vezes.

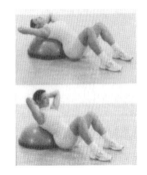

BÁSICO

Sente-se no chão em frente ao domo com os joelhos flexionados e os pés apoiados no chão. Deixe a parte superior das costas, os ombros e a cabeça apoiados no domo e entrelace as mãos atrás da cabeça. Curve o corpo para a frente o quanto puder, então retorne à posição inicial rolando para trás.

DESAFIO

Estenda seu joelho esquerdo para a frente enquanto alonga o tronco para trás. Então, flexione o joelho e traga a perna para o peito enquanto se curva para frente. Curve-se o máximo que puder.

DICA

- Ative o core, especialmente os abdominais inferiores, para ajudar a manter os quadris nivelados.

Abdominais e core
TROCA DE PERNAS (*LEG EXCHANGE*)

POSIÇÃO INICIAL: deite de costas com a parte inferior das costas sobre o domo. Flexione os joelhos em 90° e mantenha seus pés alinhados com seus joelhos. Entrelace as mãos atrás da cabeça e mantenha a cabeça alinhada com a coluna. *Nota*: ajuste sua posição conforme necessário para encontrar seu centro de gravidade.

Posição inicial

1 Incline ligeiramente a cabeça para a frente realizando a flexão da região torácica da coluna em direção à pelve. Mantenha a cabeça alinhada com a coluna.

2 Mantendo a flexão da coluna, estenda seu joelho direito para a frente na altura dos olhos. Ao mesmo tempo, flexione sua perna esquerda em direção ao peito.

3 Ainda mantendo a flexão, troque suas pernas de modo que o joelho esquerdo seja estendido e o direito seja flexionado.

Repita de cinco a dez vezes.

BÁSICO

Eleve suas pernas mais alto (por exemplo, até 45°) para retirar pressão da região lombar.

DICA

- Ative seu core durante o exercício, especialmente quando trocar as pernas para trás e para a frente.

Abdominais e core
Cruzado (criss-cross)

POSIÇÃO INICIAL: deite de costas com a parte inferior das costas sobre o domo. Flexione os joelhos em 90° e mantenha seus pés alinhados com seus joelhos. Entrelace as mãos atrás da cabeça e mantenha a cabeça alinhada com a coluna. *Nota:* Ajuste sua posição conforme necessário para encontrar seu centro de gravidade.

1. Flexione ligeiramente a coluna e curve a parte superior do corpo para a frente. Mantenha a cabeça alinhada com a coluna.

2. Mantendo a flexão da coluna, estenda seu joelho direito para a frente na altura dos olhos. Ao mesmo tempo, flexione seu joelho esquerdo em direção ao peito e rotacione o tronco em direção ao joelho esquerdo.

3. Ainda mantendo a flexão, alterne suas pernas de modo que seu joelho esquerdo fique estendido e seu joelho direito fique flexionado. Ao mesmo tempo, rotacione o tronco em direção ao joelho direito.

Repita cinco a dez vezes.

DICAS

- Não apoie os ombros.
- Ative seu core durante o exercício, especialmente quando trocar as pernas para trás e para a frente.

SUPERDESAFIO

Encoste seu cotovelo no chão quando rotacionar o tronco. Por exemplo, se você rotacionar para a direita, encoste o cotovelo direito no chão no lado direito do domo (nesse caso, seu joelho esquerdo está estendido e o direito está flexionado).

Abdominais e core

COMBO DE ABDOMINAL E EXTENSÃO DE PERNA (*CURL AND LEG-EXTENSION COMBO*)

POSIÇÃO INICIAL: deite de costas com o corpo totalmente alongado sobre o domo. Posicione seus braços para trás e estenda os joelhos, apontando-os para cima.

Posição inicial

1 Flexione o joelho direito em direção ao peito. Ao mesmo tempo, flexione seus cotovelos em direção ao quadril e comece a flexionar a região torácica da coluna.

2 Continue a flexionar a coluna para a frente e projete sua perna direita para o alto. Ao mesmo tempo, posicione seus braços ao lado do corpo.

3 Comece a desenrolar o tronco para trás. Ao mesmo tempo, traga seus cotovelos de volta para o quadril e flexione seu joelho direito em direção ao peito.

4 Retorne à posição inicial.

Comece novamente com o outro lado. Agora, alterne os lados.

Repita quatro ou cinco vezes.

BÁSICO

Segure a panturrilha flexionando o joelho, mantendo a perna para o alto e, mantendo esse joelho flexionado, escale essa perna como se fosse uma corda ou uma árvore.

DESAFIO

À medida que se sentir mais confortável, aumente a velocidade da sequência e faça os movimentos de maneira mais suave e regular: curva para dentro e para cima, desenrola e abaixa novamente.

DICA

- Ative seu core, especialmente seus abdominais.

Abdominais e core
Sentado em V (*V-sit series*)

POSIÇÃO INICIAL: sente no domo com seu quadril sobre o centro do BOSU ou ligeiramente à frente dele. Apoie seus pés no chão, separados na distância do quadril. Apoie suas mãos suavemente no domo, atrás de você ou dos lados. *Nota:* Durante este exercício, ajuste sua posição conforme necessário para encontrar seu centro de gravidade.

Posição inicial

1 Ativando seus abdominais inferiores vigorosamente para sustentar suas costas, incline-se ligeiramente para trás.

2 Mantendo as costas estáveis, flexione o joelho e o quadril, deixando a perna direita paralela em relação ao solo. Mantenha essa posição por um ou dois segundos.

3 Lentamente, flexione o joelho e o quadril oposto, mantendo a perna esquerda paralela ao solo. Mantenha ambas as pernas no ar por um ou dois segundos.

4 Lentamente eleve seu braço direito até ficar paralelo com o chão e mantenha seu braço e suas pernas no ar por um ou dois segundos.

5 Agora, repita com o braço esquerdo, elevando-o até ficar paralelo com o chão. Mantenha ambos os braços e pernas no ar por um ou dois segundos.

Repita quatro ou cinco vezes.

DICAS
- Mantenha os ombros e a parte superior do tronco firmes.
- Mantenha a cabeça alinhada com a coluna. Evite deixar o queixo cair ou afundar no peito.

SUPERDESAFIO
Mantendo ambas as pernas no ar, e com os cotovelos estendidos à frente, estenda os joelhos e flexione o quadril de modo que você fique numa posição em V completa.

Abdominais e core

ROTAÇÃO COM PERNA FLEXIONADA (*BENT-LEG ROTATION*)

POSIÇÃO INICIAL: sente-se no domo com seu quadril sobre o centro do BOSU ou ligeiramente à frente dele. Apoie seus pés no chão, separados na distância do quadril. Coloque as mãos uma de cada lado do corpo. *Nota:* ajuste sua posição conforme necessário para encontrar seu centro de gravidade.

Posição inicial

1 Ative seus abdominais inferiores vigorosamente e incline-se ligeiramente para trás. Ao mesmo tempo, posicione seus braços à frente.

2 Mantendo as costas estáveis, flexione lentamente o joelho e o quadril direito. Sem alterar a forma da perna, faça uma rotação de 45° para a esquerda.

3 Abaixe o pé direito, então eleve e faça a rotação de sua perna esquerda.

Repita quatro ou cinco vezes.

DESAFIO

Mantenha ambas as pernas elevadas durante o exercício e faça a rotação de um lado para o outro. Depois, tente mover os braços na direção oposta.

SUPERDESAFIO

Mantendo ambas as pernas elevadas, segure uma bola de peso na frente de seu tronco e faça a rotação de um lado para o outro. O peso adicional ativa o seu core num nível completamente novo.

DICA

- Mantenha a cabeça alinhada com a coluna. Evite deixar o queixo cair ou afundar o peito.

Abdominais e core

TROCA DE PERNAS – SENTADO (*SEATED LEG EXCHANGE*)

POSIÇÃO INICIAL: Sente no domo com seu quadril sobre ou ligeiramente à frente do centro do BOSU. Apoie seus pés no chão, separados na distância do quadril. Apoie suas mãos suavemente no domo, atrás de você. *Nota:* ajuste sua posição conforme necessário para encontrar seu centro de gravidade.

Posição inicial

1 Ative seus abdominais inferiores vigorosamente e incline-se suavemente para trás.

2 Flexione seu joelho direito em direção ao peito. Ao mesmo tempo, estenda o joelho esquerdo, mantendo o calcanhar no chão.

3 Troque as pernas de modo que seu joelho e quadril esquerdos fiquem flexionados, enquanto o joelho e o quadril direitos permanecem estendidos.

Repita os passos 2 e 3 várias vezes.

DESAFIO

Com seus cotovelos estendidos à frente, alongue e eleve sua perna direita na altura dos quadris enquanto flexiona o joelho esquerdo em direção ao peito. Depois, troque os pés. Alterne para trás e para a frente várias vezes, mantendo os pés no ar.

DICA

• Puxe para dentro a parte inferior do abdômen e do assoalho pélvico para ativar seu core, especialmente seus abdominais.

Abdominais e core
Alongamento duplo de pernas (*double-leg stretch*)

POSIÇÃO INICIAL: deite-se de costas com a região lombar sobre o domo. Flexione seus joelhos em 90° e mantenha seus pés alinhados com os joelhos. Estique seus braços para a frente e paralelos ao chão. Mantenha sua cabeça alinhada com sua coluna. *Nota:* ajuste sua posição conforme necessário para encontrar seu centro de gravidade.

Posição inicial

1. Flexione ligeiramente a região torácica da coluna. Ao mesmo tempo, flexione o quadril, mantendo os joelhos estendidos até que seus dedos dos pés apontem para o teto.

2. Desenrole o tronco e retorne à posição inicial.

Repita quatro ou cinco vezes.

BÁSICO

Tente fazer o exercício com as mãos entrelaçadas atrás da cabeça. Flexione o tronco para a frente e projete as pernas para cima. Mantenha a posição, eleve e abaixe as pernas em 90°.

SUPERDESAFIO

Afaste seus braços e pernas de suas posições verticais um pouco mais a cada vez que repetir o exercício. A meta é manter suas pernas num ângulo de 45° enquanto seus braços ficam completamente posicionados para trás, passando ao lado das orelhas. Essa variação requer um core muito forte, então tenha cuidado e tente isso em etapas.

DICA

• Contraia o abdômen e o assoalho pélvico para ativar seu core, especialmente seus abdominais.

Abdominais e core
INCLINAÇÃO EM DECÚBITO DORSAL (*SUPINE LEAN*)

POSIÇÃO INICIAL: sente-se com o quadril centralizado sobre o domo. Estenda os joelhos, mantendo os calcanhares no chão. Apoie os braços ao lado do corpo, mantendo os dedos das mãos direcionados para os dedos dos pés.

Posição inicial

1 Contraia a parte inferior do abdômen e do assoalho pélvico e incline-se para trás, até sentir alguma tensão nos abdominais inferiores. Mantenha por dois segundos, então retorne à sua posição inicial.

2 Repita o exercício, mas incline-se alguns centímetros mais. Mantenha por dois segundos, então retorne à posição inicial.

3 Desta vez, incline-se até o ponto mais baixo que puder alcançar sem arquear ou forçar as costas. Mantenha por dois segundos, então retorne à posição inicial.

DICAS

- Mantenha os ombros abertos e o pescoço relaxado.
- Evite arquear as costas e empurrar a região dorsal para a frente.

Abdominais e core

EXTENSÃO EM DECÚBITO DORSAL (*SUPINE EXTENSION*)

POSIÇÃO INICIAL: deite-se de costas com a região lombar sobre o domo e seu tronco paralelo ao chão. Mantenha suas pernas juntas, com os joelhos flexionados e os pés apoiados no chão. Deixe os braços colados nas laterais do corpo e mantenha a cabeça alinhada com a coluna. *Nota:* Ajuste sua posição conforme necessário para encontrar seu centro de gravidade.

Posição inicial

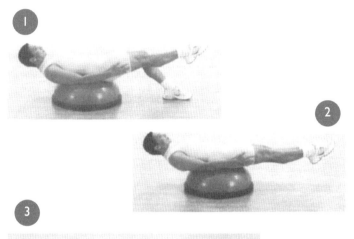

1 Ative seu core, especialmente seus abdominais inferiores e estenda seu joelho direito para a frente, na mesma linha do seu joelho esquerdo.

2 Alongue sua perna esquerda até ficar na altura da perna direita.

3 Eleve seus braços para trás, acima da cabeça e tente deixar seu corpo o mais paralelo possível em relação ao chão. Mantenha por cinco segundos e retorne à posição inicial.

Repita quatro ou cinco vezes.

BÁSICO

Eleve sua perna direita para a frente até ficar na altura de seu joelho esquerdo. Ao mesmo tempo, posicione seus braços para trás, acima da cabeça. Abaixe sua perna e repita com o joelho esquerdo estendido.

DICAS

- Mantenha seus ombros abertos e o pescoço relaxado.

- Evite arquear as costas e empurrar a região dorsal para a frente.

Abdominais e core
PICO EM V INVERTIDO (*PIKE UP*)

Cuidado: evite este exercício se você tiver problemas nos punhos.

POSIÇÃO INICIAL: fique numa posição de prancha completa: Seus pés estão flexionados e seus dedos dos pés, centralizados sobre o domo. Suas mãos estão no chão, diretamente abaixo dos ombros. Seus cotovelos estão estendidos. Seu corpo está numa linha reta da cabeça aos pés.

Posição inicial

1 Pressione as mãos no chão e contraia os abdominais para elevar os quadris até seu corpo formar um V invertido e você ficar nas pontas dos dedos dos pés.

2 Lentamente, abaixe as costas, voltando à posição de prancha.

Repita quatro ou cinco vezes.

BÁSICO

Deite de bruços com suas pernas, joelhos e a parte inferior das coxas sobre o domo. Entrelace as mãos e forme um triângulo no chão com seus cotovelos e suas mãos. Contraia seus abdominais e, lentamente, empurre suas coxas em direção à cabeça para elevar um pouco seus quadris.

SUPERDESAFIO

Simultaneamente, eleve uma das pernas enquanto faz o pico do V invertido. Evite rotacionar os quadris enquanto eleva a perna.

DICA

- Contraia o abdômen e o assoalho pélvico para evitar que as costas arqueiem ou afundem.

Exercícios para as costas e em ponte

Os exercícios para as costas são particularmente importantes, porque vivemos a maior parte de nossas vidas de frente e flexionando para a frente. Raramente fazemos o inverso. Mesmo assim, precisamos de costas fortes como apoio. Os exercícios nesta seção focam as costas, mas trabalham o corpo todo. O primeiro conjunto de exercícios visa os músculos mediais e superiores das costas. O restante dos exercícios é executado numa posição em ponte.

Trabalhar numa posição em ponte visa os glúteos e os posteriores da coxa e ajuda a abrir os flexores dos quadris e o quadríceps na parte anterior de nossos quadris e pernas. Esses músculos frequentemente são encurtados em razão dos movimentos repetidos de flexionar e sentar que fazemos. Os exercícios em ponte também exigem core forte para manter a pelve e os ombros estáveis e adutores ativos para manter nossos joelhos alinhados com os pés.

Nota: Alguns desses exercícios exigem que você encontre seu centro de gravidade sobre o domo. Para mais informações, veja a página 31.

Dicas úteis

- Ative seus oblíquos e abdominais inferiores para sustentar suas costas.

Quando estiver executando exercícios para as costas

- Mantenha seu pescoço alongado, a cabeça alinhada com a coluna e os ombros longe das orelhas.
- Cresça o corpo a partir da frente dos quadris e mantenha as pernas estendidas.

Quando estiver na posição em ponte

- Mantenha os pés paralelos e alinhados com seus quadris e joelhos.
- Ative seus adutores, posteriores da coxa e glúteos para evitar abrir os joelhos.
- Distribua seu peso igualmente entre os pés e entre os ombros. Não arqueie suas costas.

Costas e ponte
NADANDO (SWIMMING)

POSIÇÃO INICIAL: deite-se de bruços com o abdômen centralizado no domo. Apoie os braços no chão à sua frente e posicione suas pernas atrás de você. Mantenha a cabeça alinhada com sua coluna. *Nota*: ajuste sua posição conforme necessário para encontrar seu centro de gravidade.

Posição inicial

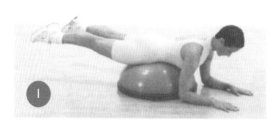

1 Lentamente, estenda e eleve um pouco ambas as pernas, tirando-as do chão. Eleve as pernas a partir dos glúteos e mantenha as duas bem esticadas.

2 Lentamente, estenda e eleve ambos os braços, tirando-os do chão.

3 Mantenha essa posição elevando lentamente seu braço direito e sua perna esquerda um pouco mais alto que o braço esquerdo e a perna direita. Segure por um segundo.

4 Abaixe seu braço direito e perna esquerda e eleve o braço esquerdo e a perna direita um pouco mais alto. Mantenha por uma contagem.

Repita os passos 3 e 4 várias vezes, aumentando a velocidade gradualmente.

BÁSICO

Eleve e abaixe lentamente uma perna por vez. Eleve e mantenha no ar um braço por vez. Em seguida, eleve ambos os braços ao mesmo tempo. Finalmente, eleve ambas as pernas ao mesmo tempo.

DICA

- Ative seu core, especialmente seus abdominais, para evitar arquear suas costas e empurrar a região dorsal para a frente.

Costas e ponte
Equilíbrio do avião (*airplane balance*)

POSIÇÃO INICIAL: deite-se de bruços com o abdômen centralizado no domo. Apoie os braços no chão à sua frente. Mantenha a cabeça alinhada com sua coluna. *Nota:* Ajuste sua posição conforme necessário para encontrar seu centro de gravidade.

Posição inicial

1 Encolha a barriga e então eleve e posicione ambos os braços em um V à sua frente. Mantenha seus braços levemente flexionados e o pescoço alongado.

2 Lentamente, eleve e estenda suas pernas para trás, permitindo que elas fiquem ligeiramente flexionadas. Mantenha por cinco segundos.

3 Baixe seus braços e pernas controladamente.

Repita quatro ou cinco vezes.

BÁSICO

Faça o exercício sem retirar os braços do chão.

SUPERDESAFIO

Com braços e pernas estendidos, incline o corpo para um dos lados, então de volta ao centro e depois para o outro lado. Para aumentar o desafio, adicione um chute com perna estendida enquanto você se inclina.

DICAS

• Relaxe seus ombros. Mantenha-os longe de suas orelhas!

• Ative seu core, especialmente seus abdominais, para sustentar suas costas.

Costas e ponte
Extensão da coluna com torção (spinal extension with twist)

POSIÇÃO INICIAL: deite-se de bruços com sua pelve e abdômen inferior centralizados no domo. Estenda suas pernas para trás e flexione seus pés, mantendo os dedos no chão. Flexione seus cotovelos e coloque as palmas das mãos no chão. Apoie a testa no dorso das mãos. *Nota:* Ajuste sua posição conforme necessário para encontrar seu centro de gravidade.

Posição inicial

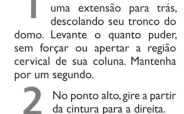

1. Contraia o abdômen e faça uma extensão para trás, descolando seu tronco do domo. Levante o quanto puder, sem forçar ou apertar a região cervical de sua coluna. Mantenha por um segundo.

2. No ponto alto, gire a partir da cintura para a direita.

3. Retorne ao centro.

4. Lentamente, abaixe seu tronco e retorne à posição inicial.

Comece novamente e gire o tronco para o outro lado.

Repita quatro ou cinco vezes.

DESAFIO
Estique e eleve sua perna enquanto faz a extensão para trás e a torção para a direita.

SUPERDESAFIO
Enquanto faz a torção para o lado direito, estenda o braço direito para fora e para trás. Faça a flexão plantar do pé esquerdo, trazendo-o para perto do corpo, e toque-o com a mão direita.

DICAS
- Pressione ambos os quadris igualmente no domo.
- Mantenha o dorso das mãos grudado na sua testa durante o exercício.
- Ative seu core, especialmente os abdominais inferiores, para proteger suas costas e evitar arqueamento exagerado.

Costas e ponte
Mergulho do cisne (*swan dive*)

POSIÇÃO INICIAL: deite-se de bruços com seus quadris centralizados no domo. Estenda suas pernas para trás e faça a dorsiflexão plantar de seus pés, mantendo os dedos no chão. Apoie seus cotovelos e antebraços no chão, à sua frente.

Posição inicial

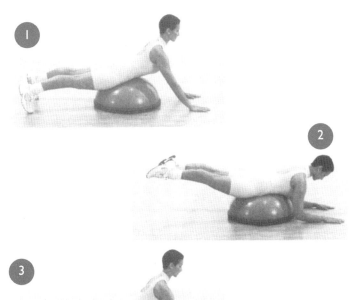

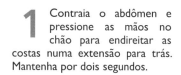

1 Contraia o abdômen e pressione as mãos no chão para endireitar as costas numa extensão para trás. Mantenha por dois segundos.

2 Flexione seus cotovelos para abaixar seu tronco. Ao mesmo tempo, mantenha seus abdominais contraídos e eleve suas pernas atrás de você, mantendo os joelhos estendidos.

3 Pressione as mãos para voltar à extensão para trás e abaixe suas pernas novamente até o chão.

Repita os passos 2 e 3 mais quatro ou cinco vezes, usando seus abdominais para balançar de trás para a frente. Enquanto abaixa o tronco, suas pernas se elevam. Quando estende o tronco, as pernas descem.

SUPERDESAFIO

Faça o exercício sem a sustentação dos braços: deslize-os para a frente, tirando-os do chão. Use seus abdominais para balançar de frente para trás, de modo que suas mãos e pés se movam para cima e para baixo alternadamente.

DICAS

- Mantenha o corpo rígido durante o exercício.
- Ative seu core vigorosamente, especialmente seus abdominais, para ficar conectado e movimentar seu corpo como uma unidade.

Costas e ponte
EMPURRAR PERNAS (*LEG PUSH*)

POSIÇÃO INICIAL: deite-se de bruços com seu tronco dobrado sobre o domo. Apoie seus cotovelos e antebraços no chão à sua frente.

Posição inicial

1 Com os calcanhares unidos, flexione seus joelhos e faça uma forma de diamante com suas pernas.

2 Sem alterar o ângulo de suas pernas, empurre ambos os pés para cima, a partir dos glúteos. Aperte um pé contra o outro e mantenha seus joelhos erguidos. Mantenha por dois segundos.

3 Abaixe suas pernas até a posição inicial.

Repita quatro ou cinco vezes.

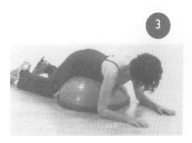

DICAS

- Contraia seus abdominais vigorosamente para evitar forçar ou arquear a região lombar.

- Ative os glúteos e os posteriores da coxa.

Costas e ponte
ROLAMENTO DO QUADRIL EM PONTE COM PLATAFORMA (*PLATFORM HIP ROLL FROM BRIDGE*)

POSIÇÃO INICIAL: deite-se de costas no chão e coloque seus pés separados na distância dos quadris sobre a plataforma. Coloque as mãos uma de cada lado do corpo.

Posição inicial

1 Pressione seus pés e, lentamente, role seus quadris para cima, tirando-os do chão até ficar numa posição de ponte. Mantenha suas costelas posteriores em contato com o chão.

2 Lentamente, role de volta à posição inicial, uma vértebra de cada vez. Repita os passos 1 e 2 mais algumas vezes.

3 Posicione seus braços para cima e pressione os pés até chegar a uma posição de ponte.

4 Lentamente, role de volta à posição inicial, uma vértebra de cada vez. Repita os passos 3 e 4 algumas vezes.

DESAFIO

A partir de sua posição de ponte, pressione seus pés na plataforma para inciná-la para a direita, para o centro, para a esquerda e novamente para o centro. Incline para a frente, para o centro, para trás e novamente para o centro.

SUPERDESAFIO

Flexione e eleve um das pernas, tirando-a da plataforma levemente e coloque o pé de apoio no meio da plataforma. Lentamente, role seus quadris até uma posição de ponte na perna de suporte. Depois, role seus quadris para baixo e repita o mesmo do outro lado.

DICAS

- Mantenha seus joelhos alinhados com os dedos dos pés durante o exercício.
- Continue a pressionar os pés para manter os quadris elevados.
- Eleve a partir dos posteriores da coxa e dos glúteos, não das costas.

Costas e ponte

Equilíbrio com uma só perna em ponte (*one-legged balance in bridge*)

POSIÇÃO INICIAL: fique numa posição de ponte, de modo que seu corpo esteja a cerca de trinta centímetros à esquerda do centro do BOSU. O lado direito de seu corpo fica apoiado no domo; o lado esquerdo fica fora dele. Mantenha os quadris elevados, os joelhos flexionados e os pés apoiados no chão. Posicione seus braços para os lados num "T", com as palmas das mãos viradas para cima.

Posição inicial

1. Pressione para baixo com seu ombro esquerdo. Ao mesmo tempo, fique firme com o pé direito para manter o quadril esquerdo nivelado com o quadril direito.

2. Eleve e estenda o joelho esquerdo na altura do joelho direito. Mantenha por cinco segundos. Abaixe a perna até a posição inicial.

Repita quatro ou cinco vezes, então comece com o outro lado.

DICA

- Contraia o abdômen e o assoalho pélvico para ativar seu core.

Costas e ponte

ABDOMINAL EM PONTE COM APOIO NOS OMBROS (*AB CURL IN SHOULDER BRIDGE*)

POSIÇÃO INICIAL: sente-se no chão em frente ao BOSU. Flexione seus joelhos e apoie seus pés no chão. Apoie a região torácica, os ombros e a cabeça no domo e entrelace as mãos atrás da cabeça.

Posição inicial

1 Pressione com os pés e role seus quadris até uma posição de ponte. Ao mesmo tempo, curve o tronco para a frente, fazendo uma abdominal (*ab curl*).

2 Desenrole o tronco, uma vértebra de cada vez.

Repita quatro ou cinco vezes.

DESAFIO

Coloque a região lombar sobre o domo e estique o tronco a partir desse ponto. Faça a combinação de abdominal e o rolamento de quadris nessa posição.

SUPERDESAFIO

Com a parte torácica sobre o domo, eleve um dos pés, tirando-o do chão ligeiramente. Faça um rolamento de quadril (com uma só perna apoiada) e a abdominal ao mesmo tempo nessa posição.

DICAS

- Pressione seus pés no chão, especialmente seus calcanhares, para ativar seus posteriores da coxa e seus glúteos.

- Mantenha a parte posterior do pescoço alongada. Curve-se para a frente a partir das costelas.

Exercícios em prancha, flexão e lateral

Todos os exercícios nesta seção focam a parte superior do corpo, mas contam extensivamente com o core e com outros músculos de sustentação. Exercícios em prancha ou de flexão requerem uma boa dose de força e controle. Fazer isso na superfície instável do BOSU aumenta a dificuldade. Comece devagar e aumente lentamente.

Os exercícios laterais focam, em grande parte, os oblíquos. Eles também requerem sustentação dos glúteos e do core para estabilizar os ombros e a pelve e para ajudá-lo a ficar de lado. Então, novamente, enquanto o foco é uma área específica, o corpo inteiro precisa trabalhar para que você faça o exercício com sucesso.

Nota: evite estes exercícios se você tiver problemas nos punhos. Além disso, alguns deles requerem que você encontre seu centro de gravidade sobre o domo. Para maiores informações, veja a página 34.

Dicas úteis

Para exercícios em prancha e de flexão
- Conecte-se ao seu core e fique firme do assoalho pélvico até os ombros.
- Coloque suas mãos diretamente abaixo dos ombros e evite travar seus cotovelos. As partes internas dos cotovelos devem ficar viradas uma para a outra.
- Pressione as bases das mãos para ficar elevado através dos ombros.
- Mantenha sua cabeça alinhada com a coluna.
- Evite afundar o corpo.

Para exercícios laterais
- Ative seus oblíquos e abdominais inferiores para evitar que seus quadris rolem para trás.
- Mantenha seus ombros e quadris empilhados um em cima do outro (imagine que está deitado entre dois painéis de vidro).

Prancha, flexão e lateral
PRANCHA NO DOMO (*DOME PLANK*)

POSIÇÃO INICIAL: ajoelhe-se no chão de frente para o BOSU. Apoie suas mãos sobre o domo, garantindo que elas fiquem diretamente sob seus ombros.

Posição inicial

1 Contraia seus abdominais e estique sua perna direita para trás de você com seu pé flexionado sobre o chão. Mantenha seu pescoço alongado e sua cabeça alinhada com a coluna.

2 Estenda seu joelho esquerdo para trás até ficar numa posição de prancha completa. Pressione firmemente as bases das mãos para evitar afundar entre as escápulas. Mantenha a posição por cinco segundos.

3 Retorne à posição inicial com uma perna de cada vez.

Repita quatro ou cinco vezes.

BÁSICO	DESAFIO	SUPERDESAFIO
A partir da sua posição inicial, coloque seus cotovelos sobre o domo. Entrelace as mãos e forme um triângulo com seus cotovelos. Estenda seus joelhos numa posição de prancha apoiada nos cotovelos.	A partir de uma posição de prancha completa, eleve sua perna direita. Mantenha por dois segundos.	Mova seu joelho estendido para o lado. Vá o máximo que puder sem alterar a posição dos quadris. Mantenha por dois segundos.

DICAS

• Mantenha os ombros relaxados. Evite travá-los para não envolver os músculos do pescoço.

• Ative seus abdominais inferiores para evitar forçar a região lombar.

Prancha, flexão e lateral
PRANCHA NA PLATAFORMA (*PLATFORM PLANK*)

POSIÇÃO INICIAL: ajoelhe em frente ao BOSU. Segure nos encaixes para mãos nas laterais da plataforma.

Posição inicial

1 Contraia seus abdominais e estenda seu joelho direito para trás de você, com seu pé em dorsiflexão sobre o chão. Mantenha sua cabeça alinhada com a coluna.

2 Estenda seu joelho esquerdo para trás até ficar numa posição de prancha completa. Pressione firmemente as bases das mãos para evitar afundar entre as escápulas. Mantenha a posição por cinco segundos.

3 Eleve e estenda o joelho direito. Mantenha por dois segundos.

Retorne à posição inicial, uma perna de cada vez.

Repita quatro ou cinco vezes

BÁSICO
Faça uma posição de prancha básica sem elevar a perna.

DESAFIO
A partir de uma posição de prancha completa, eleve e estenda seu joelho direito. Mova essa perna para o lado o máximo que puder, sem alterar a posição dos quadris. Mantenha por dois segundos.

SUPERDESAFIO
Na posição de prancha completa, incline o BOSU para a frente, para o centro, para trás e para o centro. Então, incline-o para a direita, para o centro, para a esquerda e para o centro. Quando estiver confortável nessa posição, faça um círculo contínuo para um lado e depois para o outro. *Aviso:* evite essa variação se você tiver problemas nos punhos.

DICAS
- Mantenha os ombros relaxados para não envolver os músculos do pescoço.
- Ative seus abdominais inferiores para evitar forçar a região lombar.

Prancha, flexão e lateral
Avanço a partir da postura prancha (*lunge from plank*)

POSIÇÃO INICIAL: segure nos encaixes para mãos nas laterais da plataforma e fique numa posição de prancha completa.

Posição inicial

1 A partir da postura de prancha avance com sua perna direita e pise no chão à direita do BOSU. Mantenha o joelho de trás estendido e o joelho de sustentação num ângulo reto.

2 Retorne à sua posição de prancha inicial.

3 Avance com sua perna esquerda e pise no chão à esquerda do BOSU.

4 Retorne à sua posição de prancha inicial.

Repita de cinco a dez vezes.

SUPERDESAFIO

Acelere os avanços de modo que você fique quase correndo para dentro e para fora, alternando os pés simultaneamente. Coloque seu pé dianteiro logo atrás do domo, em vez de colocar na lateral.

DICAS

- Para ajudá-lo a se mover para a frente a partir da postura de prancha, eleve seus quadris enquanto faz o avanço.

- Encolha o abdômen inferior e o assoalho pélvico para evitar afundar os quadris.

- Use seus músculos do peito, da parte superior das costas e do braço para manter o BOSU nivelado.

Prancha, flexão e lateral
FLEXÃO NO DOMO (*DOME PUSH-UP*)

POSIÇÃO INICIAL: coloque suas mãos nas laterais do domo e fique numa posição de prancha completa.

Posição inicial

1 Flexione seus cotovelos e abaixe seu corpo o máximo possível sem afundar. Mantenha o corpo alinhado da cabeça aos pés.

2 Use os músculos do peito, da parte superior das costas e dos braços para empurrar o corpo novamente até a postura de prancha completa. Expire enquanto estende os cotovelos para aprofundar a conexão com seu core.

Repita quatro ou cinco vezes.

BÁSICO	DESAFIO	SUPERDESAFIO
Faça as flexões com os joelhos apoiados no chão.	Estenda e eleve sua perna direita alguns centímetros enquanto executa a flexão. Mantenha sua perna estendida o mais reta possível e ative seu core vigorosamente para evitar afundar o meio do corpo.	Repita o exercício como uma flexão e extensão de cotovelo. Coloque suas mãos mais para o centro do domo. Certifique-se de que seus cotovelos fiquem próximos e apontando para trás enquanto você faz a flexão.

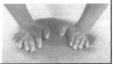

DICAS

• Ative seu core, especialmente seus abdominais, para manter seu corpo rígido e evitar que seus quadris afundem.

• Pressione com firmeza com as bases das mãos para evitar afundar entre as escápulas.

Prancha, flexão e lateral
FLEXÃO NA PLATAFORMA (*PLATFORM PUSH-UP*)

POSIÇÃO INICIAL: segure nos encaixes para mãos nas laterais da plataforma e fique numa posição de prancha completa.

Posição inicial

1 Flexione seus cotovelos e abaixe seu corpo o máximo possível sem afundar. Mantenha o corpo alinhado da cabeça aos pés.

2 Use os músculos do peito, da parte superior das costas e dos braços para empurrar o corpo novamente até a postura de prancha completa. Expire enquanto estende os cotovelos para aprofundar a conexão com seu core.

Repita quatro ou cinco vezes.

BÁSICO
Faça as flexões com os joelhos apoiados no chão.

DESAFIO
Estenda e eleve seu joelho direito alguns centímetros enquanto executa a flexão. Mantenha sua perna estendida o mais reta possível e ative seu core vigorosamente para evitar afundar o meio do corpo.

DICAS
• Ative seu core, especialmente seus abdominais para manter seu corpo rígido e evitar que seus quadris afundem.

• Pressione com firmeza com as bases das mãos para evitar afundar entre as escápulas.

105

Prancha, flexão e lateral
EQUILÍBRIO LATERAL (*SIDE BALANCE*)

POSIÇÃO INICIAL: deite-se com o quadril esquerdo sobre o domo, mantendo seus joelhos estendidos e seus pés empilhados um sobre o outro. Coloque seu antebraço esquerdo no chão, com seu cotovelo esquerdo diretamente abaixo do ombro e apoie sua mão direita sobre o domo na sua frente. *Nota:* Ajuste sua posição conforme necessário para encontrar seu centro de gravidade.

Posição inicial

1 Usando o braço direito como apoio, eleve e retire as pernas do chão até a altura do quadril.

2 Lentamente eleve seu braço direito e depois tire o braço esquerdo do chão. Cruze os braços sobre seu peito. Mantenha o corpo rígido e reto, alinhado com a coluna. Mantenha por cinco segundos.

3 Solte seus braços e abaixe as pernas.

Repita quatro ou cinco vezes, então comece no outro lado.

DICA
- Ative seu core, especialmente seus abdominais e a parte interna das coxas, para evitar arquear as costas ou contrair a pelve.

Prancha, flexão e lateral
ABDOMINAL LATERAL (*SIDE CURL*)

POSIÇÃO INICIAL: deite-se completamente estendido no domo sobre o quadril esquerdo e empilhe o quadril direto sobre o esquerdo. Faça uma tesoura com as pernas, colocando a perna esquerda para frente e a perna direita para trás, apoiando seus pés no chão. Estenda o braço direito acima da cabeça e sustente seu pescoço e sua cabeça com o braço esquerdo. *Nota:* Ajuste sua posição conforme necessário para encontrar seu centro de gravidade.

Posição inicial

1 Ative seus abdominais e curve o tronco para o lado, expirando durante o movimento. Ao mesmo tempo entrelace as mãos e coloque atrás da cabeça.

2 Abaixe o tronco, estendendo o braço direito novamente acima da cabeça, para alongar o lado direito do corpo.

Repita diversas vezes, então comece com o outro lado.

BÁSICO

Escolha uma posição de tesoura bem ampla para ter maior estabilidade.

DESAFIO

Enquanto curva o corpo lateralmente, estenda o braço de cima para o lado, de modo a ficar paralelo com o chão. Ao mesmo tempo, posicione o braço de baixo para cima.

SUPERDESAFIO

Em vez de fazer o exercício com as pernas separadas, apoie um pé sobre o outro. Apoie bem a lateral do pé inferior no chão, então coloque o outro em cima dele. Flexione os pés.

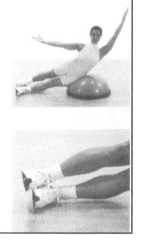

DICA

- Mantenha seus quadris e seu corpo alinhados da cabeça aos pés o tempo todo.

Prancha, flexão e lateral

ELEVAÇÃO LATERAL DE PERNA (*LATERAL LEG LIFT*)

POSIÇÃO INICIAL: deite-se com o quadril direito sobre o domo, mantendo os quadris um sobre o outro. Estenda seus joelhos, deixando-os fora do chão. Apoie seu antebraço direito no chão, com o cotovelo diretamente abaixo do ombro direito, e coloque a mão esquerda sobre seu quadril. *Nota:* Ajuste sua posição conforme necessário para encontrar seu centro de gravidade.

Posição inicial

1 Mantendo suas pernas alinhadas com o corpo eleve-as alguns centímetros mais. Mantenha por dois segundos.

2 Abaixe as pernas até a posição inicial.

Repita quatro ou cinco vezes, então comece com o outro lado.

BÁSICO

Eleve apenas a perna de cima e retorne à posição inicial.

DESAFIO

Eleve a perna de cima alguns centímetros. Então, eleve a perna de baixo até encostar na perna de cima. Mantenha por dois segundos. Abaixe ambas as pernas até a posição inicial.

SUPERDESAFIO

Curve seu tronco lateralmente e posicione o braço de cima em direção a seus pés enquanto eleva as pernas juntas.

DICAS

- Ative seu core, especialmente seus abdominais para ajudá-lo a estabilizar sua pelve e evitar derrubar os quadris.

- Mantenha suas pernas alinhadas com o corpo.

Prancha, flexão e lateral
Elevação lateral (*side lift*)

POSIÇÃO INICIAL: sente-se no chão a uma distância confortável à esquerda do domo, de modo que seus joelhos fiquem levemente flexionados e o pé de cima fique um pouco mais à frente. Coloque o antebraço direito sobre o domo em ângulos retos em relação ao seu corpo e apoie a mão esquerda na cintura.

Posição inicial

1 Ative seus abdominais e parte interna das coxas e pressione seu antebraço para elevar seu lado direito do chão. Expire enquanto sobe. Mantenha sua cervical alongada e seu ombro direito acima de seu cotovelo. Mantenha por dois segundos.

2 Abaixe seus quadris até a posição inicial.

Repita quatro ou cinco vezes, então comece com o outro lado.

DESAFIO

A partir da posição inicial, coloque sua mão direita sobre o domo. Pressione a mão direita e o pé da frente para elevar seu lado direto do chão. Termine numa postura de prancha lateral completa com os cotovelos estendidos e as pernas e os pés apoiados uns sobre os outros.

SUPERDESAFIO

Eleve a perna de cima enquanto está na postura de prancha lateral.

DICA
- Mantenha seu peito aberto e evite afundar na área dos quadris.

Exercícios de joelhos e de equilíbrio

Ficar de joelhos brinca com nosso equilíbrio porque nossos cérebros e músculos precisam se ajustar a uma posição e a um padrão de distribuição de peso menos familiares. Quando adicionamos a instabilidade do domo nesse quadro, existe muito com o que se ajustar.

O equilíbrio também entra em jogo em inúmeras atividades diárias. Nós nos equilibramos quando ficamos em pé ou sobre apenas um pé para pôr o sapato, ou quando caminhamos – apoiando-nos sobre um pé enquanto damos o passo e nosso peso nos propele para o outro pé.

Isso tudo parece acontecer naturalmente. Ainda assim, quando tentamos deliberadamente nos equilibrar, frequentemente temos problemas. O equilíbrio requer uma série de sistemas trabalhando em conjunto – olhos orelhas e outros sensores, bem como o cérebro e o sistema musculoesquelético.

O sucesso depende de muitos fatores, incluindo alinhamento corporal, força e tônus de nossos músculos e a quantidade de experiência ou "memória muscular" que temos em cada caso.

A boa notícia é que podemos nos treinar a ter melhor equilíbrio. E o BOSU é uma ferramenta ideal para ajudar. Os exercícios, nesta seção, focam a posição de joelhos e outras posições de equilíbrio, bem como movimentos que desafiam o equilíbrio.

Dicas úteis

- Pratique primeiro no chão.
- Tome seu tempo para se preparar adequadamente. O alinhamento é essencial em qualquer posição de equilíbrio.
- Foque um ponto à sua frente para ajudá-lo a reduzir a quantidade de informação visual que o cérebro precisa processar.

- Mantenha seus ombros e quadris alinhados.
- Conecte-se ao seu core e fique firme do assoalho pélvico até os ombros.

Para exercícios de joelhos
- Evite girar os quadris.
- Aperte as partes internas das coxas, aproximando-as. Ative seus glúteos e pressione as pernas sobre o domo para ajudá-lo a se equilibrar e a ficar ereto.

Para outros exercícios de equilíbrio
- Ative conscientemente os posteriores da coxa, os adutores e os glúteos inferiores da perna de sustentação.

Joelhos e equilíbrio
ELEVAÇÃO DE JOELHO (*KNEE LIFT*)

POSIÇÃO INICIAL: ajoelhe sobre o domo com o corpo ereto, colocando seu joelho direito no centro do BOSU e seu joelho esquerdo contra a lateral do domo. Tire o pé direito do chão atrás de você. Eleve seus braços lateralmente, formando um T.

Posição inicial

1 Sem alterar a forma e o ângulo da sua perna esquerda, eleve lentamente o joelho esquerdo para o lado controladamente. Pressione sua perna sobre o domo para ajudá-lo a ficar ereto. Mantenha por dois segundos.

2 Abaixe o joelho esquerdo de volta ao domo.

Repita quatro ou cinco vezes, então comece com o outro lado.

BÁSICO
Mantenha os dedos do pé de apoio virados para baixo para ajudar no seu equilíbrio.

SUPERDESAFIO
Eleve seu joelho direito, depois movimente para a frente, para o lado e para trás, mantendo por dois segundos em cada posição.

DICAS
- Contraia os abdominais inferiores para manter a pelve estável, especialmente enquanto eleva e abaixa o seu joelho.

- Fique virado para frente e olhe em linha reta. Direcione o topo da cabeça para o teto.

Joelhos e equilíbrio
ABDOMINAL – AJOELHADO (*KNEELING CRUNCH*)

POSIÇÃO INICIAL: ajoelhe sobre o domo com seus joelhos dos lados do centro do BOSU e suas mãos sobre o domo à sua frente.

Posição inicial

1 Pressione suas pernas e arqueie as costas para cima.

2 Eleve e posicione os braços à sua frente. Expire para conectar-se ao core e sustentar as costas.

3 Mantenha os braços posicionados para a frente e deixe as costas retas. Mantenha a parte superior do corpo o mais paralela possível em relação ao chão.

4 Fique novamente em quatro apoios.

Repita quatro ou cinco vezes.

BÁSICO

Mantenha os dedos dos pés no chão para ajudar no equilíbrio. Pressione as mãos e as costas e arqueie as costas como um gato nervoso. Eleve e estenda um braço de cada vez à sua frente.

DICA

- Ative os abdominais inferiores para ajudá-lo a puxar a pelve para dentro.

Joelhos e equilíbrio
Tracking drill de joelhos (kneeling tracking drill)

POSIÇÃO INICIAL: ajoelhe sobre o domo com o corpo ereto e seus joelhos dos lados do centro do BOSU. Tire os dedos dos pés do chão atrás de você. Posicione os braços para baixo e aponte as mãos para seu quadril direito.

Posição inicial

1 Incline-se levemente em direção a seu quadril esquerdo, mas mantenha os quadris alinhados. Ao mesmo tempo, pressione as pernas e, movendo as mãos juntas, arqueie lentamente os braços para cima do lado direito.

2 Continue fazendo um arco com os braços por sobre a cabeça.

3 Desça os braços – em arco – em direção a seu quadril esquerdo. Quando se aproximar do quadril esquerdo, incline-se levemente em direção ao quadril direito.

4 Coloque os braços novamente na posição inicial.

Repita quatro ou cinco vezes, então comece com o outro lado.

BÁSICO
Faça o exercício com os dedos dos pés apoiados no chão.

DESAFIO
Toque seu tornozelo, em vez de tocar seu quadril, enquanto faz a rotação de um lado ao outro.

SUPERDESAFIO
Desenhe a figura oito na frente do peito movendo seus quadris de um lado para o outro em oposição aos seus braços. Siga os movimentos dos braços com os olhos.

DICAS
- Direcione o topo da cabeça para o teto.
- Mantenha seus quadris alinhados e virados para a frente e pressione as pernas no domo.
- Ative vigorosamente seus músculos do core enquanto move os braços para evitar girar os quadris.

Joelhos e equilíbrio
EXTENSÃO DE BRAÇO E PERNA – AJOELHADO (*KNEELING WITH LEG AND ARM EXTENSION*)

POSIÇÃO INICIAL: ajoelhe sobre o domo, colocando seu joelho esquerdo no centro do BOSU e estendendo seu joelho direito atrás de você, com os dedos do pé tocando o chão. Apoie as duas mãos no chão, na frente do domo.

Posição inicial

1 Estenda e eleve sua perna direita de modo que fique paralela com o chão.

2 Estenda e eleve seu braço esquerdo à sua frente. Mantenha sua cabeça alinhada com sua coluna por dois segundos.

3 Abaixe seu braço e sua perna, voltando à posição inicial.

Repita quatro ou cinco vezes, então comece com o outro lado.

BÁSICO
Mantenha os dedos do pé de apoio no chão para ajudar no equilíbrio.

DESAFIO
Enquanto estende e eleva seu joelho e seu cotovelo opostos, flexione seu cotovelo e joelho trazendo-os o mais próximos possível do peito, arqueando as costas ao mesmo tempo.

DICAS
• Certifique-se de que suas mãos estejam diretamente abaixo dos ombros e de que seus joelhos estejam alinhados com os quadris.

• Mantenha sua cabeça alinhada com a coluna.

• Foque um ponto no chão à sua frente.

Joelhos e equilíbrio
EQUILÍBRIO EM UMA SÓ PERNA (*SINGLE-LEG BALANCE*)

POSIÇÃO INICIAL: fique em pé sobre o domo com seu pé esquerdo no centro do BOSU e seu pé direito tocando a lateral do domo. Eleve os braços lateralmente, formando um T.

1 Mantenha o tronco parado enquanto eleva sua perna direita com o joelho estendido para o lado. Foque num ponto à frente para ajudar no equilíbrio. Mantenha por dois segundos.

2 Abaixe sua perna de volta à posição inicial.

Repita quatro ou cinco vezes, então comece com o outro lado.

BÁSICO
Apoie sua perna na borda externa do domo e deslize-a da frente até a parte de trás. Também tente praticar no chão antes de tentar o exercício sobre o BOSU.

DICA
- Ative os músculos da parte interna da coxa para ajudá-lo a ficar em pé com firmeza sobre a perna de sustentação.

Joelhos e equilíbrio
Círculos com o quadril (*hip circles*)

POSIÇÃO INICIAL: sente-se com os quadris e glúteos na parte posterior da plataforma. Flexione os joelhos e apoie os pés no chão à sua frente.

Posição inicial

1 Segure nos encaixes laterais da plataforma e eleve lentamente sua perna direita para a plataforma. Cuidadosamente, flexione seu joelho e apoie a lateral da perna sobre a superfície.

2 Lentamente, eleve e flexione o joelho esquerdo sobre a plataforma. Ajuste sua posição de modo que fique equilibrado e sentado com as pernas cruzadas.

3 Sem alterar sua posição, ative seu core e mude seu peso em direção à direita para inclinar o BOSU para a direita.

4 Fique conectado ao seu core e mude seu peso para a frente, inclinando o BOSU para a frente.

5 Fique conectado e mude seu peso para a esquerda para inclinar o BOSU para a esquerda.

6 Fique conectado e mude seu peso para trás para inclinar o BOSU para trás.

Repita os passos 3 e 6 diversas vezes.

BÁSICO
Faça o exercício enquanto estiver sentado na plataforma com os joelhos flexionados e os pés no chão.

DESAFIO
Suavize as inclinações de quadril até fazer um círculo contínuo para a esquerda e então para a direita.

SUPERDESAFIO
Tente fazer os círculos com seus braços em T.

DICA
- Mantenha sua coluna alongada e os ombros acima dos quadris.

Joelhos e equilíbrio
Torção da coluna – sentado (*seated spinal twist*)

POSIÇÃO INICIAL: sente-se com os quadris e glúteos na parte posterior da plataforma. Flexione os joelhos e apoie os pés no chão à sua frente.

Posição inicial

1 Segure nos encaixes laterais da plataforma e eleve lentamente sua perna esquerda para a plataforma. Cuidadosamente, flexione seu joelho e apoie a lateral da perna sobre a superfície.

2 Lentamente, eleve e flexione seu joelho direito sobre a plataforma. Ajuste sua posição de modo que fique equilibrado e sentado com as pernas cruzadas.

3 Coloque sua mão direita sobre sua coxa esquerda.

4 Eleve o corpo a partir dos quadris e faça uma torção para a esquerda.

5 Coloque sua mão esquerda atrás de você sobre a plataforma ou sobre a borda do BOSU. Mantenha por cinco segundos.

Comece novamente no outro lado.

Repita uma ou duas vezes mais.

BÁSICO

Faça o exercício com um dos joelhos flexionados – sobre a plataforma – e o outro pé sobre o chão à sua frente. Faça a torção para um lado e depois para o outro.

DICA
- Mantenha sua coluna neutra e a cabeça alinhada com sua coluna.

Joelhos e equilíbrio
Rolamento para baixo (ROLL DOWN)

POSIÇÃO INICIAL: fique em pé sobre o domo, centralizando seu peso sobre os pés. Deixe suas mãos uma de cada lado do corpo e olhe para A frente.

Posição inicial

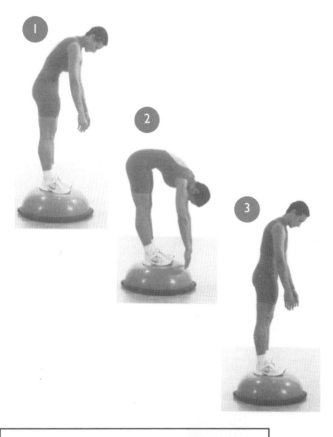

1 Ative seus abdominais. Ao mesmo tempo, aproxime o queixo do peito para começar a rolar sequencialmente até seus pés.

2 Continue rolando para baixo. Vá o máximo que puder enquanto mantém seu equilíbrio e a posição curvada. Mantenha por cinco segundos.

3 Lentamente, desenrole o corpo vértebra por vértebra. Sua cabeça deve ser a última a subir.

Repita quatro ou cinco vezes.

DESAFIO

Faça uma torção para a direita e role para baixo em direção ao seu pé direito como se estivesse se curvando sobre uma grande bola de praia com um braço na frente e o outro atrás (como a estátua de Atlas). Mantenha os dois joelhos flexionados enquanto faz o rolamento para baixo e o desenrolar até chegar à posição inicial.

DICAS

• Mantenha seu pescoço alongado e relaxado e sua cabeça alinhada com a coluna.

• Ative seu core vigorosamente e evite girar os quadris.

• Para mais estabilidade, ative as partes internas das coxas, mas mantenha os joelhos diretamente acima dos dedos dos pés.

Exercícios com pesos

Os benefícios do treino com pesos ou de resistência estão bem-documentados. Além dos ganhos óbvios em força muscular, usar pesos acelera o metabolismo, queima calorias mais depressa e ajuda a prevenir a osteoporose, uma perda da densidade óssea que aumenta o risco de fraturas.

Utilizar pesos ou bolas de peso intensifica os efeitos do BOSU, especialmente onde equilíbrio e distribuição de peso estão conectados. Os pesos fazem você usar muito mais os músculos do core e os músculos opostos que em outras situações. Por essa razão, é uma boa ideia começar com pesos leves ou bolas – 1 kg ou 1,5 kg são suficientes. Então progrida para pesos mais pesados, se desejar. São alcançados bons resultados mesmo com pesos relativamente leves, e você sempre pode optar por fazer os exercícios sem pesos, se quiser.

Dicas úteis

- Use apenas uma quantidade de peso com a qual possa se exercitar sem forçar o corpo ou perder a forma.
- Conecte-se ao seu core e fique firme o tempo todo.
- Mantenha os ombros afastados e sua cabeça alinhada com sua coluna.
- Mantenha sua coluna neutra e evite arquear a região lombar.
- Evite movimentos bruscos.
- Não segure a respiração! Expire quando fizer esforço.

Exercícios com pesos
ELEVAÇÃO DE BRAÇO (*ARM CURL*)

POSIÇÃO INICIAL: fique em pé sobre o domo com seus pés na distância dos quadris e seus joelhos levemente flexionados. Segure um peso livre em cada uma das mãos, deixando-as uma de cada lado do corpo.

Posição inicial

1 Flexione os cotovelos até a cintura de modo que os antebraços fiquem paralelos em relação ao chão.

2 Sem alterar seus braços, flexione os ombros até suas mãos apontarem para o teto e seus braços ficarem paralelos ao chão. Mantenha por dois segundos.

3 Abaixe os braços de volta à posição inicial.

Repita quatro ou cinco vezes.

DESAFIO
Agache ao mesmo tempo que eleva os braços.

DICAS
- Ative seu core, especialmente seus abdominais para estabilizar.
- Mantenha sua cabeça alinhada com sua coluna e olhe para frente.
- Mantenha seus joelhos diretamente acima dos dedos dos pés, especialmente quando agachar.

Exercícios com pesos
ELEVAÇÃO DE ALAVANCA CURTA – AJOELHADO (*KNEELING SHORT-LEVER FLY*)

POSIÇÃO INICIAL: ajoelhe sobre o domo com o corpo ereto e os joelhos um de cada lado do centro do BOSU. Deixe seus dedos dos pés fora do chão. Segure um peso livre em cada mão e deixe-as uma de cada lado do corpo.

Posição inicial

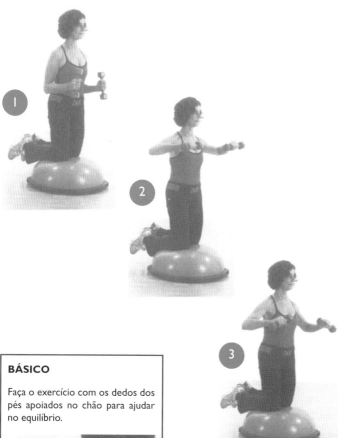

1 Abduza seus ombros até a cintura, elevando seus antebraços para que fiquem paralelos ao chão.

2 Sem modificar a forma dos braços, eleve seus cotovelos (num movimento semicircular) para os lados até seus braços ficarem alinhados com os ombros. Mantenha por dois segundos.

3 Abaixe seus braços novamente e puxe os cotovelos até a cintura.

Repita de cinco a dez vezes.

BÁSICO

Faça o exercício com os dedos dos pés apoiados no chão para ajudar no equilíbrio.

DICAS

- Ative seus abdominais para proteger suas costas e ajudá-lo a ter equilíbrio.

- Mantenha suas costas retas e fortes. Eleve o topo da cabeça em direção ao teto.

Exercícios com pesos
REMADA COM UM BRAÇO AJOELHADO (*KNEELING ONE-ARM ROW*)

Cuidado: evite este exercício se você tiver problemas nos ombros ou nos punhos.

POSIÇÃO INICIAL: coloque seu joelho direito sobre o centro do BOSU e posicione sua perna esquerda para trás com os joelhos estendidos e com os dedos do pé no chão. Segure um peso livre em cada uma das mãos e apoie-as sobre uma superfície antiderrapante em frente ao domo. Mantenha seus cotovelos estendidos e diretamente abaixo dos ombros.

Posição inicial

1 Flexione seu cotovelo direito e eleve a mão direita diretamente para cima até que seu punho alcance o peito. Mantenha por dois segundos.

2 Abaixe o braço de volta à posição inicial.

Repita de cinco a dez vezes, depois comece com o outro lado.

BÁSICO
Mantenha os dedos dos pés para baixo para ajudar no equilíbrio. Pode ser útil praticar primeiro no chão.

DESAFIO
Eleve sua perna com o joelho estendido na altura dos quadris e repita o exercício nesta posição.

SUPERDESAFIO
Em vez de fazer a remada com um braço, posicione seu braço ativo à frente na altura do ombro e mantenha por dois segundos. Depois, mova o braço para o lado com o joelho estendido e mantenha por dois segundos.

DICAS
- Pressione suas mãos nos pesos para evitar afundar entre as omoplatas.
- Ative seus abdominais para proteger suas costas e ajudar no equilíbrio.
- Mantenha suas costas retas e firmes. Mantenha sua cabeça alinhada com a coluna.

Exercícios com pesos
ELEVAÇÃO DE BRAÇO LATERAL – AJOELHADO (*KNEELING LATERAL ARM RAISE*)

POSIÇÃO INICIAL: ajoelhe sobre o domo com o corpo ereto e os joelhos um de cada lado do centro do BOSU. Deixe seus dedos dos pés fora do chão. Segure um peso livre em cada mão e deixe-as uma de cada lado do corpo.

Posição inicial

1 Mantenha seu pescoço alongado e seus ombros abaixados enquanto eleva os braços lateralmente, formando um T. Mantenha por dois segundos.

2 Abaixe seus braços de volta à posição inicial.

Repita de cinco a dez vezes.

BÁSICO

Mantenha os dedos dos pés no chão para ajudar no equilíbrio.

SUPERDESAFIO

Flexione e eleve um dos joelhos para o lado e repita o exercício nesta posição. Certifique-se de apoiar o joelho de sustentação no centro do BOSU. Ative muito o seu core!

DICAS

- Aproxime as partes internas das coxas para ajudá-lo a estabilizar-se.
- Ative seus abdominais para proteger as costas e evite virar os quadris.
- Mantenha suas costas retas e sua cabeça alinhada com a coluna.

Exercícios com pesos
ELEVAÇÃO EM PONTE (*FLY IN BRIDGE*)

POSIÇÃO INICIAL: fique numa postura de ponte: a região cervical e a torácica da coluna, os ombros e a cabeça ficam apoiados na plataforma; seus quadris estão elevados, joelhos flexionados e pés apoiados no chão; o peso está igualmente distribuído entre os pés e entre os ombros. Segure um peso livre em cada mão e posicione seus braços com os cotovelos estendidos acima do peito, apontando para o teto.

Posição inicial

1 Pressione seus ombros na plataforma e use seus músculos do peito para abrir seus braços para o lado. Mantenha seus cotovelos soltos e não abra além da altura do ombro. Mantenha por dois segundos.

2 Eleve novamente os braços acima do peito. Mantenha por dois segundos.

Repita de cinco a dez vezes.

DESAFIO
Tente fazer o movimento com um só braço, começando com seu braço direito. Fique inteiramente firme, ou você rolará para o lado. Repita com o outro lado.

DICA
- Mantenha seus abdominais contraídos e use seus glúteos e seus posteriores da coxa para manter os quadris para cima.

Exercícios com pesos
Tríceps *press* em ponte (*close-grip triceps press in bridge*)

POSIÇÃO INICIAL: fique numa postura de ponte: a parte superior das costas, os ombros e a cabeça ficam apoiados na plataforma; seus quadris estão elevados, os joelhos flexionados e os pés apoiados no chão; o peso está igualmente distribuído entre os pés e entre os ombros. Segure um peso livre em cada mão e deixe-as dos lados do corpo

Posição inicial

1 Aperte os cotovelos dos lados do corpo. Ao mesmo tempo, flexione os cotovelos até seus punhos apontarem para cima e as costas dos braços ficarem apoiadas na plataforma de cada lado do seu tronco.

2 Expire e, usando resistência, empurre seus braços para cima, estendendo os cotovelos. Mantenha seus cotovelos próximos a seu corpo e evite travá-los.

3 Usando resistência, abaixe seus braços novamente para os lados do tronco.

Repita os passos 2 e 3 diversas vezes.

DICAS

- Mantenha seus abdominais contraídos.

- Use seus glúteos e posteriores da coxa para manter os quadris para cima.

Exercícios com pesos
PASSADA DE BOLA DE PESO (*WEIGHTED BALL PASS*)

POSIÇÃO INICIAL: fique em pé sobre o domo com os pés afastados na distância dos quadris e os joelhos ligeiramente flexionados. Segure uma bola de peso nas mãos, em frente ao seu corpo.

Posição inicial

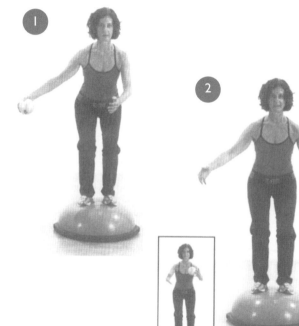

1 Faça uma posição de agachamento e transfira a bola de peso para sua mão direita.

2 Passe a bola de peso novamente para sua mão direita em frente ao seu tronco. Então, continue a passar a bola de uma mão para a outra.

Repita diversas vezes.

BÁSICO
Faça o exercício com uma bola pequena e sem peso.

DESAFIO
Tente seguir a bola com seus olhos enquanto passa de uma mão para a outra.

DICAS
- Ative seu core e evite girar os quadris.
- Trabalhe apenas com um peso que você possa controlar.

Exercícios com pesos
FIGURA OITO EM PÉ (*STANDING FIGURE EIGHT*)

POSIÇÃO INICIAL: fique em pé sobre o domo com os pés afastados na distância dos quadris e os joelhos ligeiramente flexionados. Segure uma bola de peso nas mãos, em frente ao seu corpo.

Posição inicial

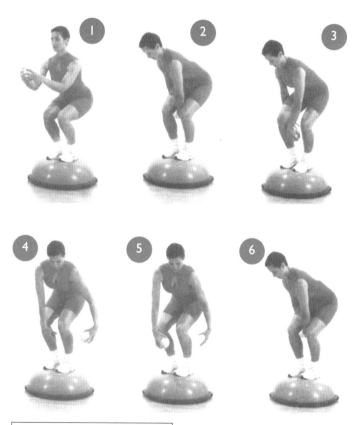

1 Faça uma posição de agachamento.

2 "Desenhe" uma figura oito entre suas pernas. Comece segurando a bola na sua mão direita atrás do joelho direito.

3 Deixe sua mão esquerda na frente do joelho esquerdo e passe a bola para a mão esquerda por entre os joelhos.

4 Passe a bola pelo lado de fora de sua perna esquerda e deixe-a atrás do joelho esquerdo.

5 Deixe a mão direita na frente da perna direita e passe a bola para a mão direita por entre os joelhos.

6 Passe a bola pelo lado de fora da perna direita até ficar atrás do joelho direito para retornar à posição inicial.

Repita quatro ou cinco vezes, então comece com o outro lado.

BÁSICO
Faça o exercício primeiro com uma bola pequena e sem peso.

DESAFIO
Fique agachado e comece a desenhar a figura oito nos joelhos, então desça para as panturrilhas, depois para os tornozelos e suba novamente.

DICAS
- Ative seu core vigorosamente para evitar que o corpo gire para os lados.
- Mantenha seus joelhos diretamente acima dos dedos dos pés.

129

Exercícios com pesos
Figura oito sentado em V (*V-sit figure eight*)

POSIÇÃO INICIAL: sente-se no domo com seus quadris centralizados. Apoie seus pés no chão, separados na distância dos quadris. Inclinando o tronco ligeiramente para trás, segure uma bola de peso com ambas as mãos à sua frente.

Posição inicial

1 Ative vigorosamente seus abdominais inferiores e incline-se para trás. Flexione e eleve suas pernas de modo que fiquem paralelas ao chão.

2 Desenhe uma figura oito por entre suas pernas. Comece segurando a bola na sua mão direita, do lado do joelho direito e mantenha a mão esquerda na frente da perna esquerda. Passe a bola entre os joelhos para a mão esquerda.

3 Com sua mão esquerda, passe a bola pelo lado de fora da perna esquerda até atrás do joelho esquerdo. Então passe a bola entre os joelhos para sua mão direita.

4 Com sua mão direita, passe a bola pelo lado de fora de sua perna direita até atrás do joelho direito, até retornar à posição inicial da figura oito.

Repita quatro ou cinco vezes, então comece com o outro lado.

BÁSICO
Primeiro faça o exercício com uma bola pequena e sem peso. Tente também segurar a bola na sua frente com os dois pés apoiados no chão ou faça a sequência com uma perna levantada de cada vez.

DESAFIO
Desafie seu equilíbrio e mova sua perna para cima quando passar a bola por baixo dela e para baixo quando passá-la por cima.

DICA
- Ative seu core vigorosamente para evitar que o corpo gire para os lados.

Alongamentos

Os músculos se contraem quando trabalham. Fazer alongamento relaxa o tecido muscular contraído e aumenta o fluxo sanguíneo para remover toxinas e fornecer nutrientes. Alongar também melhora a flexibilidade, aumentando o alcance de movimento em nossas articulações. Alongar ajuda-nos a ficarmos móveis e reduz os riscos de lesão, especialmente à medida que envelhecemos.

Tenha em mente que é possível alongar-se em excesso. Você deve então alongar apenas até sentir certa tensão ou uma fisgada leve, mas não dor. Idealmente, é uma boa ideia alongar todos os grandes grupos musculares lenta e controladamente, mantendo cada alongamento por vinte a trinta segundos.

Dicas úteis

- Alongue seus músculos quando estiverem aquecidos – após uma série de exercícios ou pelo menos cinco minutos de exercício cardiovascular.
- Sempre faça um movimento suave e contínuo ao se alongar. Nunca faça movimentos curtos repetitivos, force ou se alongue excessivamente. Seu corpo lhe dirá o quanto pode aguentar.
- A respiração, especialmente a expiração, ajuda a relaxar os músculos. Inspire lenta e profundamente pelo nariz e expire pela boca.
- Tome seu tempo para se posicionar apropriadamente. O alinhamento é essencial para qualquer posição de alongamento.
- Beba muita água. Uma hidratação apropriada aumenta a flexibilidade e ajuda a relaxar o corpo.

Alongamentos
ALONGAMENTO DO FLEXOR DO QUADRIL (*HIP FLEXOR STRETCH*)

POSIÇÃO INICIAL: ajoelhe com seu joelho esquerdo centralizado sobre o domo. Flexione seu joelho direito e coloque seu pé direito no chão, na frente do domo.

Posição inicial

1 Distancie seu pé direito mais para a frente do domo e flexione seu joelho em ângulos retos, certificando-se de deixar seu joelho diretamente acima do tornozelo. Incline-se para a frente, o suficiente para sentir um alongamento na parte frontal do quadril esquerdo.

2 Coloque suas mãos sobre a coxa direita e pressione levemente para adicionar resistência e alongar sua coluna. Mantenha por um mínimo de vinte segundos.

3 Retorne à posição inicial.

Comece novamente com o outro lado.

BÁSICO
Para uma sustentação adicional, use um apoio, como uma barra, um cabo de vassoura ou a parede.

Alongamentos

ALONGAMENTO DE POSTERIORES DA COXA E PANTURRILHA (*HAMSTRING AND CALF STRETCH*)

POSIÇÃO INICIAL: fique a uma distância confortável atrás do domo com seus pés separados na distância dos quadris. Deixe as mãos uma de cada lado do corpo.

Posição inicial

1 Flexione seu joelho esquerdo. Ao mesmo tempo, estenda seu joelho direito e coloque seu calcanhar em cima do domo. Faça a flexão plantar do tornozelo e certifique-se de que o joelho esteja estendido.

2 Com as costas retas, flexione o tronco para a frente a partir do quadril, para alongar os músculos posteriores da coxa e da panturrilha.

3 Coloque suas mãos sobre sua coxa direita e pressione para aumentar a resistência e alongar sua coluna. Mantenha por um mínimo de vinte segundos.

4 Estique o corpo e retorne à posição inicial.

Recomece com o outro lado.

DICA

- Mantenha sua cabeça alinhada com a coluna.

Alongamentos
ALONGAMENTO DO TRÍCEPS (*TRICEPS STRETCH*)

POSIÇÃO INICIAL: fique a uma distância confortável atrás do domo com seus pés separados na distância dos quadris. Deixe as mãos uma de cada lado do corpo.

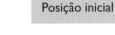
Posição inicial

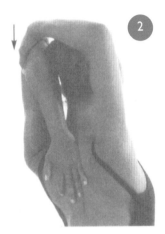

1. Faça uma posição de avanço, colocando seu pé esquerdo sobre o domo e segure seu cotovelo esquerdo de modo que ele aponte para o teto acima de seu ombro esquerdo

2. Encoste sua mão esquerda nas suas costas e deixe os dedos apontados para baixo. Pressione suavemente seu cotovelo esquerdo em direção à mão esquerda. Mantenha por no mínimo vinte segundos.

3. Solte suas mãos e retorne à sua posição inicial.

Recomece com o outro lado.

BÁSICO

Faça o alongamento ajoelhado sobre o domo, em vez de fazê-lo na posição de avanço.

DICA

- Evite arquear suas costas e deslocar as costelas para a frente.

Alongamentos

EXTENSÃO DAS COSTAS (*BACK EXTENSION*)

POSIÇÃO INICIAL: sente-se com seus quadris na borda frontal do domo. Flexione seus joelhos e apoie seus pés no chão à sua frente. Deixe as mãos uma de cada lado do corpo.

Posição inicial

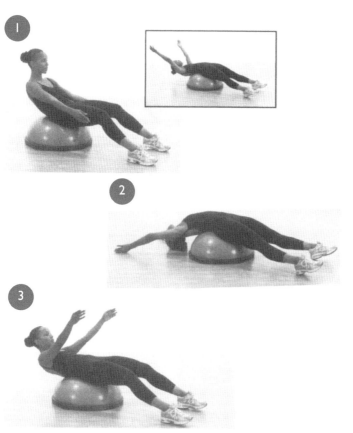

1 Lentamente, role para trás e alongue seu tronco sobre o domo. Ao mesmo tempo, passe seu braços num movimento semicircular para trás, formando um V atrás de você e deixe sua cabeça cair em direção ao chão.

2 Estenda seus joelhos para a frente. Mantenha por um mínimo de vinte segundos.

3 Retorne à posição inicial, enrolando o corpo lentamente.

Repita, se desejar.

BÁSICO

Sente-se no chão em frente ao domo e deite de costas o quanto puder. Se desejar, coloque um travesseiro sob a cabeça para ter mais sustentação. Posicione seus braços para os lados em lugar do V.

Alongamentos

ALONGAMENTO LATERAL (*SIDE STRETCH*)

POSIÇÃO INICIAL: sente-se no domo com seus quadris centralizados e as pernas abertas. Abra o máximo que puder sem flexionar os joelhos ou arquear a região lombar.

Posição inicial

1 Coloque sua mão direita sobre o domo entre suas pernas e eleve seu braço esquerdo para o lado.

2 Faça uma flexão lateral para a sua direita: passe sua mão esquerda por cima da cabeça, esticando na direção do ponto em que a parede e o teto se encontram. Mantenha por um mínimo de vinte segundos e então estenda para cima, centralizando o corpo.

3 Flexione o tronco a partir dos quadris e direcione-o para a frente. Mantenha as costas retas e posicione os dois braços, alongando para a frente. Mantenha por um mínimo de vinte segundos e então estenda para cima, centralizando o corpo.

4 Faça uma flexão lateral para a sua esquerda: passe sua mão direita por cima da cabeça. Mantenha por um mínimo de vinte segundos e então estenda para cima, centralizando o corpo.

Repita, se desejar.

DICAS

- Evite afundar e arredondar a região lombar.

- Mantenha sua coluna neutra e eleve-a a partir dos quadris enquanto se alonga.

Parte 4

As séries de exercícios

Preparado para a sequência

As seguintes séries de exercícios são baseadas nos exercícios apresentados ao longo do livro. Existem três séries focadas (sequência do core, sequência da parte inferior do corpo e sequência do tronco), bem como duas séries de exercícios completas, ambas com aquecimento, uma série de exercícios para o corpo todo, consistindo em exercícios selecionados de cada seção da Parte 3 e uma desaceleração com alongamentos.

Cada série mostra uma imagem (*thumbnail*) do exercício junto com o número da página em que ele aparece no livro. Na maioria dos casos, a imagem mostra a versão principal do exercício. Sinta-se livre para substituir por uma outra variação de sua preferência.

Antes de começar

Antes de tentar qualquer uma das séries de exercícios a seguir, aqueça seu corpo com 5 a 10 minutos de exercícios cardio de baixo impacto usando uma esteira, bicicleta ergométrica ou máquina elíptica, se possível, ou siga os aquecimentos apresentados nos "Exercícios Completos", mais adiante nesta seção.

Sequência do core

A sequência do core foca principalmente nos abdominais e no core, usando exercícios da seção "Abdominais e core", bem como os exercícios laterais na seção "Prancha, flexão e lateral".

Sequência do core

PÁGINA	EXERCÍCIO
82	Abdominal (*ab curl*)
83	Troca de pernas (*leg exchange*)
84	Cruzado (*criss-cross*)
85	Combo de abdominal e extensão de perna (*curl and leg-extension combo*)
86	Sentado em V (*V-sit series*)
87	Rotação com perna flexionada (*bent-leg rotation*)
88	Troca de pernas – sentado (*seated leg exchange*)
89	Alongamento duplo de pernas (*double-leg stretch*)
90	Inclinação em decúbito dorsal (*supine lean*)
91	Extensão em decúbito dorsal (*supine extension*)
92	Pico em V invertido (*pike up*)
108	Equilíbrio lateral (*side balance*)
109	Abdominal lateral (*side curl*)
110	Elevação lateral de perna (*lateral leg lift*)
111	Elevação lateral (*side lift*)
117	Equilíbrio em uma só perna (*single-leg balance*)
118	Círculos com o quadril (*hip circles*)
119	Torção da coluna – sentado (*seated spinal twist*)
120	Rolamento para baixo (*roll down*)

Sequência da parte inferior do corpo

A série de sequência da parte inferior do corpo combina exercícios da seção "Agachamentos e avanços" e exercícios de joelhos na seção "Joelhos e equilíbrio".

Sequência da parte inferior do corpo

	PÁGINA	EXERCÍCIO
	69	Combo de agachamento e elevação para o teto (*squat and over-the-top combo*)
	71	Combo de agachamento e rotação (*squat and twist combo*)
	73	Combo de agachamento lateral (*side-squat combo*)
	74	Combo de agachamento e elevação de perna (*squat and leg-lift combo*)
	75	Combo de agachamento e salto (*squat and jump combo*)
	76	Combo de agachamento *kick boxing* (*kick boxing squat combo*)
	113	Elevação de joelho (*knee lift*)
	114	Abdominal – ajoelhado (*kneeling crunch*)
	115	*Tracking drill* de joelhos (*kneeling tracking drill*)
	116	Extensão de braço e perna – ajoelhado (*kneeling with leg and arm extension*)
	77	Retrocesso (*backward lunge*)
	78	Avanço lateral (*side lunge*)
	79	Avanço para a frente (*forward lunge*)
	80	Avanço para a frente e retrocesso (*lunge forward and back*)

Sequência do tronco

A sequência de tronco contém exercícios da seção "Costas e ponte", bem como da seção "Prancha, flexão e lateral".

Sequência do tronco

	PÁGINA	EXERCÍCIO
	99	Rolamento do quadril em ponte com plataforma (*platform hip roll from bridge*)
	100	Equilíbrio com uma só perna em ponte (*one-legged balance in bridge*)
	101	Abdominal em ponte com apoio nos ombros (*ab curl in shoulder bridge*)
	94	Nadando (*swimming*)
	95	Equilíbrio do avião (*airplane balance*)
	96	Extensão da coluna com torção (*spinal extension with twist*)
	97	Mergulho do cisne (*swan dive*)
	98	Empurrar pernas (*leg push*)
	103	Prancha no domo (*dome plank*)
	104	Prancha na plataforma (*platform plank*)
	105	Avanço a partir da postura prancha (*lunge from plank*)
	106	Flexão no domo (*dome push-up*)
	107	Flexão na plataforma (*platform push-up*)

Exercício completo 1

O exercício completo 1 visa trabalhar seu corpo inteiro. Começa com um aquecimento consistindo em exercícios da Parte 2, "Básicos BOSU", e então apresenta exercícios selecionados de cada seção da Parte 3, terminando com alguns alongamentos para desaceleração. Esta série de exercícios dura de 45 minutos a 1 hora, dependendo da velocidade de suas repetições e da duração dos períodos de descanso.

Exercício completo 1

	PÁGINA	EXERCÍCIO
Aquecimento	37	Ficando em pé sobre o domo (standing on the dome)
	38	Ficando em pé sobre o domo – olhos fechados – desafio (standing on the dome – eyes closed – challenge)
	46	Pisada lateral para avanço lateral (side tap to side lunge)
	35	Pisando para cima e para baixo – lento e rápido – básico (stepping up and down – slow and faster – basic)
	35	Pisando para cima e para baixo – balançando braços – desafio (stepping up and down – arm swings – challenge)
	36	Elevação de joelho básica (basic knee lift)
	47	Pisando sobre o domo (stepping on the dome)
	47	Marchando sobre o domo – desafio (marching on the dome – challenge)
	47	Correndo sobre o domo – superdesafio (jogging on the dome – super challenge)
	45	Agachando no domo (squatting on the dome)
	45	Agachando no domo – circulando os braços – desafio (squatting on the dome – challenge)
Cardio	63	Salto com dois pés (two-foot jump)
	63	Salto com dois pés – aleatório – super desafio (two-foot jump – random – super challenge)
	55	Joelho power (power knee)

Exercício completo I (continuação)

	PÁGINA	EXERCÍCIO
	56	Repetição de joelho três vezes (*three knee repeater*)
	62	Joelho no peito (*knee to chest*)
	73	Combo de agachamento lateral (*side-squat combo*)
	75	Combo de agachamento e salto (*squat and jump combo*)
	64	Saltos com virada (*turning jumps*)
	66	Saltos Mogul (*Mogul jumps*)
	77	Retrocesso (*backward lunge*)
	78	Avanço lateral (*side lunge*)
	130	Passada de bola de peso (*weighted ball pass*)
	131	Figura oito em pé (*standing figure eight*)
	122	Elevação de braço (*arm curl*)
	123	Agachamento *golf swing* (*golf swing squat*)
	117	Equilíbrio em uma só perna (*single-leg balance*)
	120	Rolamento para baixo (*roll down*)
	125	Elevação de alavanca curta – ajoelhado (*kneeling short-lever fly*)
	127	Elevação de braço lateral – ajoelhado (*kneeling lateral arm raise*)
	113	Elevação de joelho (*knee lift*)
	115	*Tracking drill* de joelhos (*kneeling tracking drill*)
	109	Abdominal lateral (*side curl*)
	110	Elevação lateral de perna (*lateral leg lift*)
	94	Nadando (*swimming*)

Tônus e equilíbrio

Exercício completo I (continuação)

	PÁGINA	EXERCÍCIO
	96	Extensão da coluna com torção (*spinal extension with twist*)
	99	Rolamento do quadril em ponte com plataforma (*platform hip roll from bridge*)
	104	Prancha na plataforma (*platform plank*)
	105	Avanço a partir da postura prancha (*lunge from plank*)
	107	Flexão na plataforma (*platform push-up*)
	101	Abdominal em ponte com apoio nos ombros (*ab curl in shoulder bridge*)
	85	Combo de abdominal e extensão de perna (*curl and leg-extension combo*)
	89	Alongamento duplo de pernas (*double-leg stretch*)
	90	Inclinação em decúbito dorsal (*supine lean*)
	92	Pico em V invertido (*pike up*)
	135	Alongamento de posteriores da coxa e da panturrilha (*harmstring and calf stretch*)
	137	Relaxamento das costas (*back release*)
	140	Alongamento lateral (*side stretch*)

Exercício completo 2

Assim como o "Exercício Completo 1", o "Exercício Completo 2" também visa a trabalhar todo o seu corpo. Começa com um aquecimento consistindo em diferentes exercícios da Parte 2, "Básicos BOSU", mas desta vez o aquecimento começa de joelhos. Após o aquecimento, há uma seleção diferente de exercícios de cada seção da Parte 3, terminando com alguns alongamentos para desaceleração. Esta série leva de 45 minutos a 1 hora, dependendo da velocidade de suas repetições e da duração dos períodos de descanso.

Exercício completo 2

Aquecimento

	PÁGINA	EXERCÍCIO
	39	Ajoelhado com postura ereta (*kneeling tall*)
	40	Ajoelhado com quatro apoios (*kneeling on all fours*)
	43	Extensão de uma perna (*single-leg extension*)
	43	Extensão de uma perna – braço e perna opostos – desafio (*single-leg extension – opposite arm/leg – challenge*)
	44	Extensão de costas simples (*simple back extension*)
	41	Inclinação pélvica (*pelvic tilt*)
	42	Rolamento de quadril em ponte (*hip roll in bridge*)
	37	Ficando em pé sobre o domo (*standing on the dome*)
	37	Ficando em pé sobre o domo – olhos fechados – desafio (*standing on the dome – closed eyes – challenge*)
	38	Torção lateral (*side twist*)
	38	Torção lateral – bola de peso – superdesafio (*side twist – weighted ball – super challenge*)

Exercício completo 2 (continuação)

	PÁGINA	EXERCÍCIO
	48	Salto para a frente com um pé (*single-foot forward jump*)
	49	Salto lateral com um pé (*single-foot sideways jump*)
	35	Pisando para cima e para baixo – lento e rápido – básico (*stepping up and down - slow and faster – basic*)
	35	Pisando para cima e para baixo – balançando braços – desafio (*stepping up and down – arm swings – challenge*)
	58	*L-step/leg curl combo*
	60	Chute para frente (*front leg kick*)
	61	Chute lateral (*side leg kick*)
	71	Combo de agachamento e rotação (*squat and twist combo*)
	74	Combo de agachamento e elevação da perna (*squat and leg-lift combo*)
	67	Salto recolhido (*tuck jump*)
	65	Saltos com troca *cross-country* (*cross-country jumps*)
	69	Combo de agachamento e elevação para o teto (*squat and over-the-top combo*)
	76	Combo e agachamento *kick boxing* (*kick boxing squat combo*)
	79	Avanço para a frente (*forward lunge*)
	79	Avanço para a frente – troca – superdesafio (*forward lunge – exchange – super challenge*)

Cardio

Exercício completo 2 (continuação)

Tônus e equilíbrio

	PÁGINA	EXERCÍCIO
	80	Avanço para a frente e retrocesso (*lunge forward and back*)
	82	Abdominal (*ab curl*)
	101	Abdominal em ponte com apoio nos ombros (*ab curl in shoulder bridge*)
	83	Troca de pernas (*leg exchange*)
	84	Cruzado (*criss-cross*)
	91	Extensão em decúbito dorsal (*supine extension*)
	100	Equilíbrio com uma só perna em ponte (*one-legged balance bridge*)
	128	Elevação em ponte (*fly in bridge*)
	129	Tríceps press em ponte (*close-grip triceps press in bridge*)
	86	Sentado em V (*V-sit series*)
	132	Figura oito sentado em V (*V-sit figure eight*)
	87	Rotação com perna flexionada (*bent-leg rotation*)
	88	Troca de pernas – sentado (*seated leg exchange*)
	108	Equilíbrio lateral (*side balance*)
	111	Elevação lateral (*side lift*)
	95	Equilíbrio do avião (*airplane balance*)

Exercício completo 2 (continuação)

	PÁGINA	EXERCÍCIO
	97	Mergulho do cisne (*swan dive*)
	98	Empurrar pernas (*leg push*)
	118	Círculos com o quadril (*hip circles*)
	119	Torção da coluna – sentado (*seated spinal twist*)
	114	Abdominal – ajoelhado (*kneeling crunch*)
	116	Extensão de braço e perna – ajoelhado (*kneeling with leg and arm extension*)
	124	Tríceps *press* – ajoelhado (*kneeling triceps press*)
	126	Remada com um braço – ajoelhado (*kneeling one-arm row*)
	103	Prancha no domo (*dome plank*)
	106	Flexão no domo (*dome push-up*)
	134	Alongamento do flexor do quadril (*hip flexor stretch*)
	136	Alongamento do tríceps (*triceps stretch*)
	138	Alongamento das costas: posição da criança (*back stretch: child's pose*)
	139	Extensão das costas (*back extension*)

Alongamentos

REFERÊNCIAS

Livros

CRAIG, C. *Abs on the Ball:* A Pilates Approach to Building Superb Abdominals. Rochester: Healing Arts Press, 2003.

BLAHNIK, J.; BROOKS, D.; BROOKS, C. C. *BOSU Balance Trainer Complete Workout System.* BOSU Fitness, LLC, 2006.

BROOKS, D.; BROOKS, C. C. *BOSU Balance Trainer Integrated Balance Training:* A Programming Guide for Fitness and Health Professionals. DW Fitness, LLC, 2002.

CRAIG, C. *Pilates on the Ball.* Rochester: Healing Arts Press, 2001.

ELPHINSTON, J.; POOK, P. *The Core Workout.* Core Workout, 1999.

JEMMET, R. *The Athlete's Ball.* Halifax: Novont Health Publishing, 2004.

MARINOVICH, M.; HEUS, E. M. *ProBodX.* New York: HarperCollins, 2003.

McGILL, S. *Ultimate Back Fitness and Performance.* Waterloo: Backfitpro Inc., 2006.

NELSON, M.; WERNICK, S. *Strong Women, Strong Bones.* New York: Perigree, 2000.

POSNER-MAYER, J. *Swiss Ball Applications for Orthopedic and Sports Medicine.* Longmont: Ball Dynamics International, 1995.

POTVIN, A. N.; BENSON, C. *The Great Balance and Stability Handbook.* Surrey: Productive Fitness Products Inc., 2003.

CRAIG, C. *Strength Training on the Ball:* A Pilates Approach to Optimal Strength and Balance. Rochester: Healing Arts Press, 2005.

RICHARDSON, C. et al. *Therapeutic Exercise for spinal Segmental Stabilization in Low Back Pain:* Scientific Basis and Clinical Approach. London: Churchill Livingstone, 1999.

UNGARO, A. *Pilates:* Body in Motion. New York: DK Publishing, 2002.

Websites

www.bosufitness.com

www.bosupro.com

www.mayoclinic.com/health/core-exercises/SM00071

DVDs

BLAHNIK, J. *BOSU Equilibrium.* DW Fitness LLC, 2003.

BROOKS, C. C. *BOSU Core Synergy.* DW Fitness LLC, 2003.

BROOKS, D. *BOSU Strength and Athletic Conditioning for Personal Trainers.* DW Fitness LLC, 2003.

BROOKS, D. et al. *BOSU Balance Trainer Total Body Workout.* BOSU Fitness LLC, 2004 and 2006.

GASPAR, G. *BOSU Reactive Strength and Power.* DW Fitness LLC, 2003.

GLICK, R. *BOSU Cardio Fusion.* DW Fitness LLC, 2003.

MYLREA, M. *BOSU Total Sports Conditioning.* DW Fitness LLC, 2003.

ÍNDICE

A

Abdominais e core 79
Abdominal (*ab curl*) 80
Abdominal – ajoelhado (*kneeling crunch*) 112
Abdominal em ponte com apoio nos ombros (*ab curl in shoulder bridge*) 99
Abdominal lateral (*side curl*) 107
Agachamento *golf swing* (*golf swing squat*) 121
Agachamentos e avanços 67, 68
Agachando no domo 45
Ajoelhando com posição ereta 39
Ajoelhando com quatro apoios 40
Alongamento das costas: posição da criança (*back stretch: child's pose*) 138
Alongamento de posteriores da coxa e panturrilha (*hamstring and calf stretch*) 135
Alongamento do flexor do quadril (*hip flexor stretch*) 134
Alongamento do tríceps (*triceps stretch*) 136
Alongamento duplo de pernas (*double-leg stretch*) 89
Alongamento lateral (*side stretch*) 140
Alongamentos 133
Apoios 28
Avanço a partir da postura prancha (*lunge from plank*) 105
Avanço lateral (*side lunge*) 78
Avanço para a frente e retrocesso (*lunge forward and back*) 80
Avanço para a frente (*forward lunge*) 79

C

Calçados 28
Cardio e saltos 54
Carolyn Richardson 24
Chute lateral (*side leg kick*) 61
Chute para a frente (*front leg kick*) 60
Círculos com o quadril (*hip circles*) 118
Coluna neutra 26
Combo de abdominal e extensão de perna (*curl and leg-extension combo*) 85
Combo de agachamento e elevação da perna (*squat and leg-lift combo*) 74

Combo de agachamento e elevação para o teto (*squat and over-the-top combo*) 69
Combo de agachamento e rotação (*squat and twist combo*) 71
Combo de agachamento e salto (*squat and jump combo*) 75
Combo de agachamento *kick boxing* (*kick boxing squat combo*) 76
Combo de agachamento lateral (*side squat combo*) 73
Cruzado (*criss-cross*) 84

D

David Weck 17
Desequilíbrio 20

E

Efeito *serape* 24
Elevação de alavanca curta ajoelhado (*kneeling short-lever fly*) 125
Elevação de braço (*arm curl*) 120
Elevação de braço lateral ajoelhado (*kneeling lateral arm raise*) 127
Elevação de joelho básica 36
Elevação de joelho (*knee lift*) 113
Elevação em ponte (*fly in bridge*) 128
Elevação lateral de perna (*lateral leg lift*) 110
Elevação lateral (*side lift*) 111
Empurrar pernas (*leg push*) 98
Equilíbrio 19
Equilíbrio com uma só perna em ponte (*one-legged balance bridge*) 100
Equilíbrio do avião (*airplane balance*) 95
Equilíbrio em uma só perna (*single leg balance*) 117
Equilíbrio lateral (*side balance*) 108
Exercício completo 1 147
Exercício completo 2 148
Exercícios de joelhos e de equilíbrio 112
Exercícios em prancha, flexão e lateral 102
Exercícios para as costas e em ponte 93
Extensão da coluna com torção (*spinal extension with twist*) 96
Extensão das costas 139
Extensão de braço e perna – ajoelhado (*kneeling with leg and arm extension*) 116
Extensão de costas simples (*simple back extension*) 44
Extensão de uma perna (*single-leg extension*) 43
Extensão em decúbito dorsal (*supine extension*) 89

F

Ficando em pé sobre o domo 37
Figura oito em pé (*standing figure eight*) 131
Figura oito sentado em V (*V-sit figure eight*) 132
Flexão na plataforma (*platform push-up*) 107
Flexão no domo (*dome push-up*) 106

I

Inclinação em decúbito dorsal (*supine lean*) 90
Inclinação pélvica 41

J

Joelho no peito (*knee to chest*) 62
Joelho *power* (*power knee*) 55
Joseph Pilates 24

L

L-Step/ Leg-curl combo 58

M

Mergulho do cisne (*swan dive*) 97
Músculos abdominais 22
Músculos das costas e glúteos 22
Músculos do assoalho pélvico 22
Músculos do core 21
Músculos profundos das costas 22

N

Nadando (*swimming*) 94

P

Passada de bola de peso (*weighted ball pass*) 130
Pesos 28
Pico em V invertido (*pike up*) 92
Pisada lateral para avanço lateral 46
Pisando sobre o domo 47
Prancha na plataforma (*platform plank*) 104
Prancha no domo (*dome plank*) 103

R

Relaxamento das costas (*back release*) 137
Remada com um braço ajoelhado (*kneeling one-arm row*) 126
Repetição de joelho três vezes (*three knee repeater*) 56
Respirar 29
Retrocesso (*backward lunge*) 77
Rick Jemmett 18
Rolamento de quadril em ponte 42
Rolamento do quadril em ponte com plataforma (*platform hip roll from bridge*) 99
Rolamento para baixo (*roll down*) 120
Rotação com perna flexionada (*bent-leg rotation*) 87

S

Salto com dois pés (*two-foot jump*) 63
Salto lateral com um pé 49
Salto para a frente com um pé 48
Salto recolhido (*tuck jump*) 67
Saltos com troca *cross-country* (*cross-country jumps*) 65
Saltos com virada (*turning jumps*) 64
Saltos Mogul (*Mogul jumps*) 66
Sentado em V (*V-sit series*) 84
Sequência do tronco 146
Stuart McGill 21, 25
Subindo no domo e descendo dele 35

T

Torção da coluna – sentado (*seated spinal twist*) 119
Torção lateral 38
Tracking drill de joelhos (*kneeling tracking drill*) 115
Tríceps *press* – ajoelhado (*kneeling triceps press*) 124
Tríceps *press* em ponte (*close-grip triceps press in bridge*) 129
Troca de pernas (*leg exchange*) 83
Troca de pernas – sentado (*seated leg exchange*) 88

Sobre os autores

Colleen Craig, uma treinadora certificada de Pilates e bailarina, estudou o Método Pilates com Moira Scott no Scott International Training and Certification Centre (Centro Internacional Scott de Treinamento e Certificação), no Canadá. Seus livros incluem *Pilates on the Ball: A comprehensive Book and DVD Workout* e *Strength Training on the Ball: A Pilates Approach to Optimal Strength and Balance*. (*Pilates sobre a bola: livro e DVD completos de séries de exercícios e Treinamento de força sobre a bola: uma abordagem de Pilates para equilíbrio e força ótimos*). Ela reside em Toronto.

Miriane Taylor tem sido uma instrutora certificada de Pilates e treinadora de professores nos últimos vinte anos. Ela é uma das professoras iniciais dos conhecidos *Scott Pilates Studios* (Estúdios de Pilates Scott), em Toronto. Miriane era bailarina e coreógrafa, mas agora dirige seu próprio estúdio de Pilates e treinamento em Toronto (*www.taylor-dpilates.com*) e dá palestras e *workshops* em seu país e em todo o mundo.

Jane Aronovitch é uma entusiasta do BOSU®, bem como instrutora certificada Gyrokinesis®, praticante de Pilates, yoga e Gyrotonic®, e antes disso, era professora de dança folclórica, coreógrafa e bailarina. Ela também dirige um negócio de sucesso, produzindo todos os tipos de materiais de negócios, técnicos e de treinamento (*www.seejanewrite.com*).

Sobre o fotógrafo

Andy Mogg é um fotógrafo muito conhecido e publicado. Nascido na Inglaterra em 1954, trabalhou como consultor e, depois, como escritor e fotógrafo. Aos 17 anos, mudou-se de Londres para a Bélgica, viajando e trabalhando pela Europa; estabeleceu-se nos Estados Unidos há vinte anos. Agora, ele dirige um estúdio fotográfico de sucesso em Oakland, Califórnia.

SOBRE O LIVRO
Formato: 19 x 23 cm
Mancha: 9,5 x 11,5 cm
Tipologia: Gill Sans MT, Adobe Caslon Pro e Garamond
Papel: Offset 90 g
nº páginas: 160
1ª edição brasileira: 2010

EQUIPE DE REALIZAÇÃO
Edição de texto
Nathalia Ferrarezi (Assistente-editorial)
Juliana Maria Mendes (Preparação e copidesque)
Fernanda Fonseca (Revisão)

Editoração eletrônica
Fabiana Tamashiro (Diagramação)
what!design@whatweb.com (Capa)
Andy Mogg (Fotografia)
Miriane Taylor, Jane Aronovitch, Herman Chan, Emily Butts (Modelos)

Impressão
Intergraf Ind. Gráfica Ltda